JN221908

新時代の水とひとの生き方

「水防災意識社会」の再構築に向けて

国土交通省水管理・国土保全研究会 編著

大成出版社

近年、雨の降り方が変化

・時間雨量50mmを上回る大雨の発生件数がこの30年間で約1.4倍に増加。

・今後も気候変動の影響により、水害の更なる頻発・激甚化が懸念。

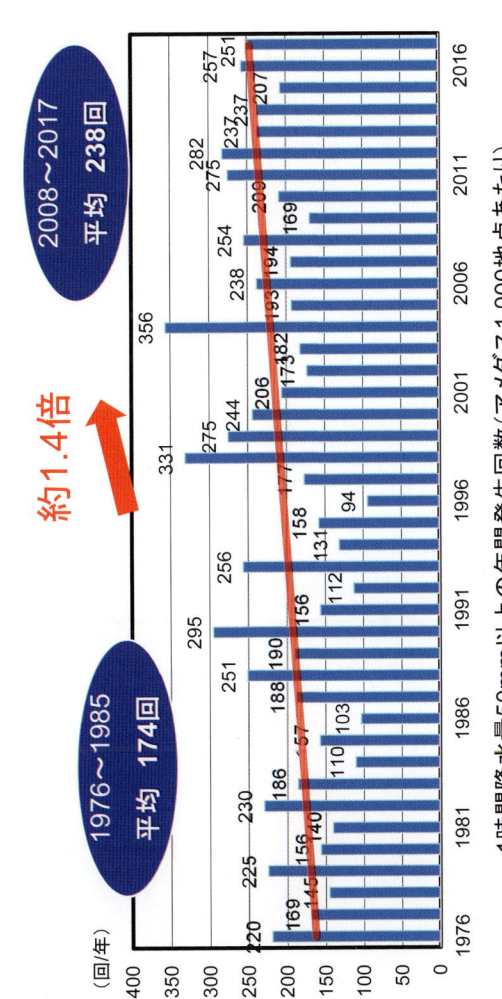

1時間降水量50mm以上の年間発生回数（アメダス1,000地点あたり）

2008〜2017 平均 238回

1976〜1985 平均 174回

約1.4倍

①

時間雨量100mmの大雨の発生件数が増加

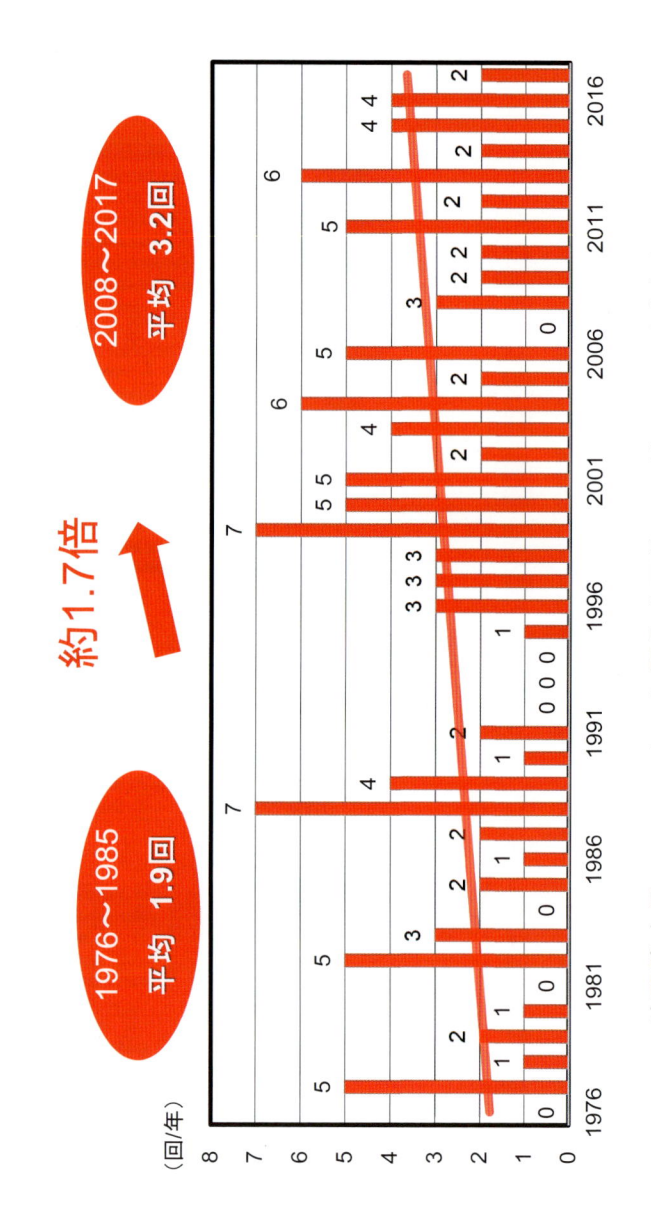

1時間降水量100mm以上の年間発生回数（アメダス1,000地点あたり）

* 気象庁資料より作成

世界平均地上気温が上昇

世界の地上気温の経年変化

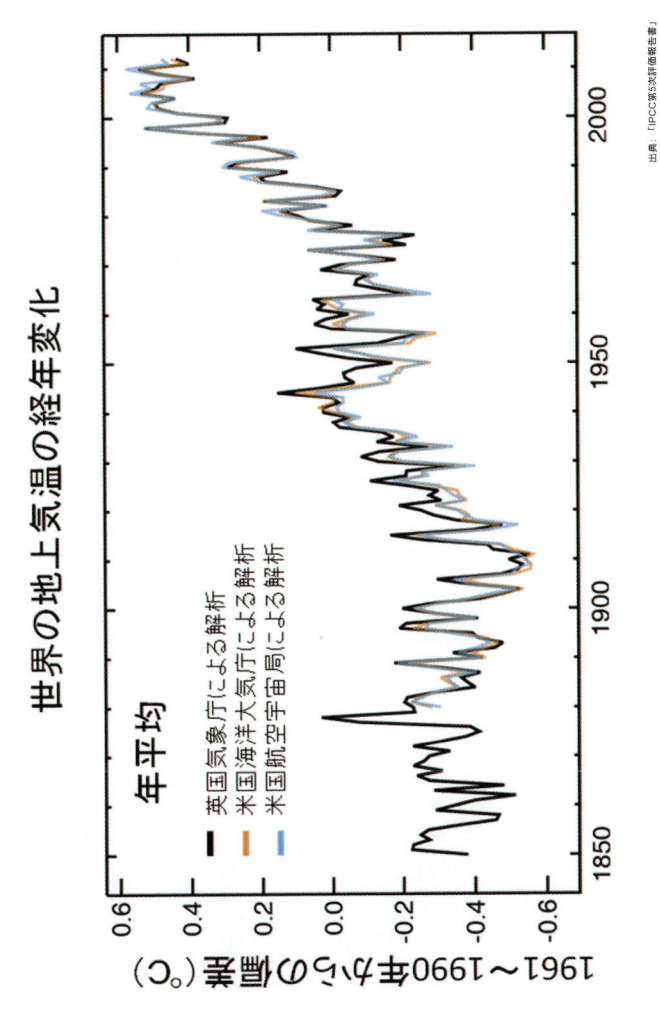

年平均

英国気象庁による解析
米国海洋大気庁による解析
米国航空宇宙局による解析

1961～1990年からの差（℃）

出典「IPCC第5次評価報告書」

気候変動による外力の増大

○ IPCC第5次評価報告書等によると、

・気候システムの温暖化については疑う余地がない

・大雨による降水量は増加傾向を示し、21世紀末において、全国平均で**約10.3〜25.5%増加する**ことが予測※

・21世紀末までに、**世界平均気温が0.3〜4.8℃上昇する可能性が高い。**

※4種類のRCPシナリオによる予測

日本全国における大雨による降水量※の増加

シナリオ	全国　（単位：%）
RCP8.5	25.5　(18.8〜35.8)
RCP6.0	16.0　(14.8〜18.2)
RCP4.5	13.2　(8.0〜16.0)
RCP2.6	10.3　(7.9〜14.5)

※上位5%の降水イベントによる日降水量

> ・ RCP2.6、4.6、6.0(3ケース)、RCP8.5(9ケース)における将来気候の予測(2080〜2100年平均)と現在気候(1984〜2004年平均)の変化率または差を示す。
> ・ 各シナリオにおける全ケースの平均値、括弧内に平均値の幅が最大のケースと最小のケースを示す。(年々変動等を含めた不確実性の幅ではない)を示す。

出典：「日本国内における気候変動予測の不確実性を考慮した結果について(お知らせ)(環境省)気象庁)」
(http://www.env.go.jp/press/19034.html)

1950〜2100年の世界平均地上気温の経年変化（1986〜2005年の平均との比較）

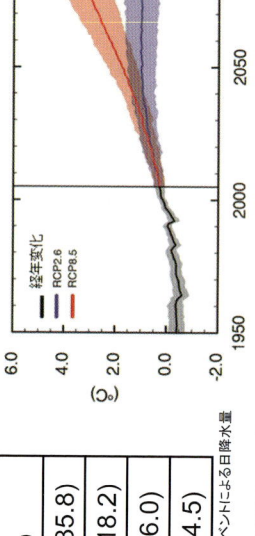

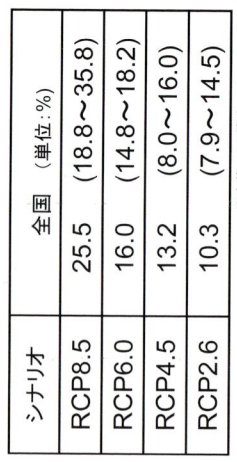

2081〜2100年の平均

出典：「IPCC第5次評価報告書」

水害の頻発・激甚化（年最大流域平均雨量）

・温室効果ガスの排出量が最大となるRCP8.5シナリオ（4℃上昇に相当）では、21世紀末の降雨量変化倍率は約1.3倍、流量変化倍率は約1.4倍、洪水発生確率の変化倍率は約4倍と予測。
・将来の気温上昇を2℃以下に抑えることを前提としたRCP2.6シナリオでは、21世紀末の降雨量変化倍率は約1.1倍、流量変化倍率は約1.2倍、洪水発生確率の変化倍率は約2倍と予測。

気候変動による将来の降雨量、流量、洪水発生確率の変化倍率

前提となる気候シナリオ	降雨量変化倍率 （全国一級水系の平均値）	流量変化倍率 （全国一級水系の平均値）	洪水発生確率の変化倍率 （全国一級水系の平均値）
RCP8.5 （4℃上昇に相当）	約1.3倍	約1.4倍	約4倍
RCP2.6 （2℃上昇に相当）	約1.1倍	約1.2倍	約2倍

※降雨量変化倍率は、20世紀末（1951年-2011年）と比較した21世紀末（2090年）時点における一級水系の治水計画の目標とする規模の降雨量変化倍率の平均値
※降雨量変化倍率のRCP8.5シナリオ（4℃上昇に相当）は、産業革命以前に比べて全球平均温度が4℃上昇した世界をシミュレーションしたd4PDFデータを活用して試算
※降雨量変化倍率のRCP2.6シナリオ（2℃上昇に相当）は、表中のRCP8.5シナリオ（4℃上昇に相当）の結果を、「日本国内における気候変動予測の不確実性を考慮した結果について（お知らせ）（環境省、気象庁）」から得られるRCP8.5、RCP2.6の関係性より換算
※流量変化倍率は、降雨量変化倍率を乗じた降雨より算出した一級水系の治水計画の目標とする規模の流量変化倍率の平均値
※洪水発生確率の変化倍率は、一級水系の現在の計画規模の洪水の、現在と将来の発生確率の変化倍率の平均値
　（例えば、洪水発生確率が1/100から1/50に変化する場合は、洪水発生確率の変化倍率は2倍となる）
※降雨量変化倍率は国土技術政策総合研究所による試算値。流量変化倍率と洪水発生確率の変化倍率は、各地方整備局による試算値。

気候変動による治水施設の整備への影響

【気候変動に伴う降雨量の変化（イメージ）】

【治水施設の整備への影響（イメージ）】

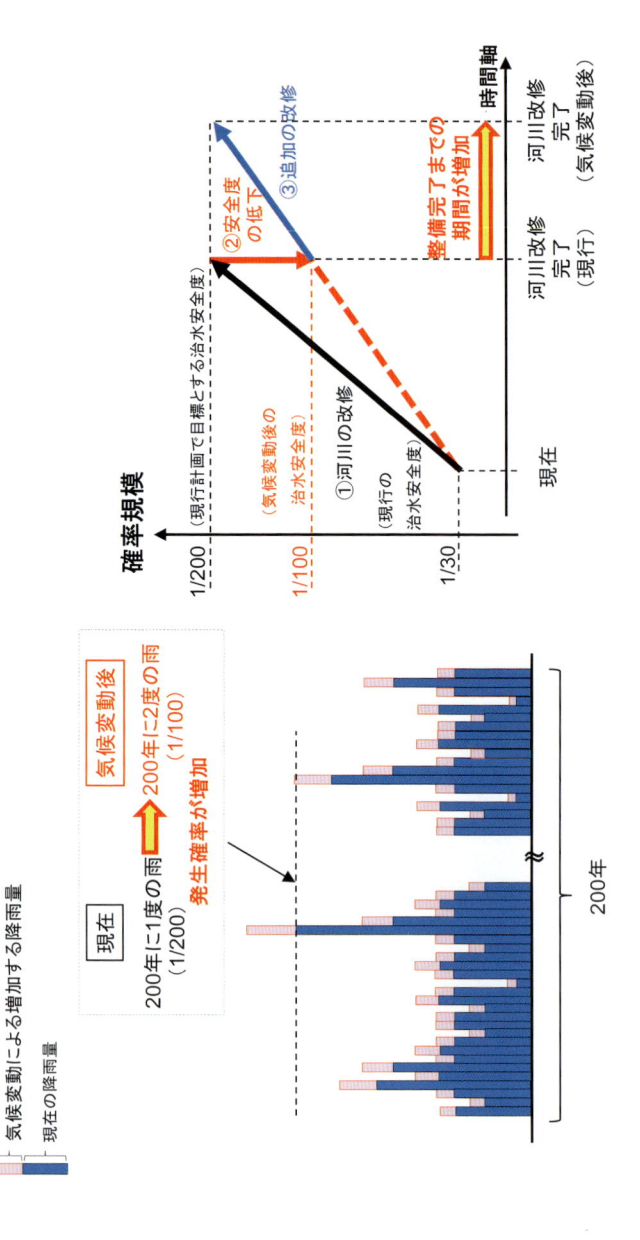

平成27年9月 関東・東北豪雨

- 鬼怒川では流下能力を上回る洪水となり、堤防が決壊（常総市三坂町地先）。
  関東地方の国管理河川では29年ぶり。

鬼怒川の被災状況

- 約40km^{2}が浸水し、死者2名、家屋被害約8,800戸などの被害が発生。多数の孤立者が発生し、約4,300人が救助された。
- 常総市役所等が浸水するとともに、電力、上下水道、鉄道等の停止が発生。

茨城県常総市の浸水状況

平成28年8月に相次いで発生した台風

・北海道への3つの台風の上陸、東北地方太平洋側への上陸は、気象庁の統計開始以来初めて。
・特に、台風10号では、岩手県の高齢者グループホームで9人が亡くなるなど、甚大な被害。

岩手県小本川の氾濫状況（平成28年8月）

平成29年7月九州北部豪雨

・山地部の河川で土砂や流木を伴う洪水が発生。
・中小河川で度重なる浸水被害が発生。
・洪水時に河川の状況をリアルタイムに把握できなかった。

土砂・流木被害 赤谷川（平成29年7月 ）

砂防堰堤による流木の捕捉状況 妙見川（平成29年7月）

水防災意識社会 再構築ビジョン

・行政や住民等の各主体が、「施設の能力には限界があり、施設では防ぎきれない大洪水は必ず発生するもの」へと意識を変革し、社会全体で洪水氾濫に備える。
・各地域において、河川管理者・都道府県・市町村等からなる協議会等を設置して、ハード・ソフト対策を一体的・計画的に推進する。

洪水氾濫による被害を軽減する

住民等の避難行動を支援する

＜住民目線のソフト対策＞
○住民等の行動につながるリスク情報の周知
　・立ち退き避難が必要な家屋倒壊等氾濫想定区域等の公表
　・住民のとるべき行動を分かりやすく示したハザードマップへの改良　等
○事前の行動計画作成、訓練の促進
　・タイムラインの策定　等
○避難行動のきっかけとなる情報をリアルタイムで提供
　・スマホ等によるプッシュ型の洪水予報等の提供　等

避難のための時間を稼ぐ

＜危機管理型ハード対策＞
越水等が発生した場合でも決壊までの時間を少しでも引き延ばすよう堤防構造を工夫する対策の推進

洪水氾濫の頻度を減らす

施設の能力を高める

＜洪水氾濫を未然に防ぐ対策＞
優先的に整備が必要な区間における堤防のかさ上げや浸透対策などを推進

水防災意識社会 再構築ビジョン

関東・東北豪雨を踏まえ、新たに「水防災意識社会 再構築ビジョン」として、全ての直轄河川とその沿川市町村（109水系、730市町村）において、平成32年度目途に水防災意識社会を再構築する取組を行う。

＜ソフト対策＞ ・住民が自らリスクを察知し主体的に避難できるよう、より実効性のある「住民目線のソフト対策」へ
転換し、平成28年出水期までを目途に実施。

＜ハード対策＞ ・「洪水氾濫を未然に防ぐ対策」に加え、氾濫が発生した場合にも被害を軽減する
「危機管理型ハード対策」を導入し、平成32年度を目途に実施。

主な対策

各地域において、河川管理者・都道府県・市町村からなる協議会等を新たに設置して
減災のための目標を共有し、ハード・ソフト対策を一体的・計画的に推進する。

＜危機管理型ハード対策＞
○越水等が発生した場合でも決壊までの時
間を少しでも引き延ばすよう堤防構造を
工夫する対策の推進

＜被害軽減を図るための堤防構造の工夫（対策例）＞

天端のアスファルト等が、
越水による裏法尻の洗掘等から堤防等の
堤体を保護
（荒川27年6月現地・東一本素案）
横断図

法面被覆 H=3m

＜洪水氾濫を未然に防ぐ対策＞
○優先的に整備が必要な区間において、
堤防の高さや幅が不足する区間などを実施

対策済みの堤防

A市 B市 C町 D市

氾濫ブロック

＜住民目線のソフト対策＞
○住民等の行動につながるリスク
情報の周知
・立ち退き避難が必要な家屋倒壊等氾
濫想定区域の公表
○住民のとるべき行動を分かりやすく示し
たハザードマップへの改善
・不動産関連事業者への説明会の開催
○事前の行動計画作成、訓練の
促進
・タイムラインの策定
○避難行動のきっかけとなる情報
をリアルタイムで提供
・水位計やライブカメラの設置
・スマホ等によるプッシュ型の洪水予報
等の提供

家屋倒壊等氾濫想定区域 ※

※氾濫流や河岸浸食によって家屋の倒壊・流失をもたらすような堤防決壊に伴う氾濫が発生すると想定される区域

危機管理型ハード対策

氾濫リスクが高いにも関わらず、当面の間、上下流バランス等の観点から堤防整備に至らない区間など約1800kmについて、決壊までの時間を少しでも引き延ばすよう、堤防構造を工夫する対策を平成32年度を目途に、今後概ね5年間で実施。

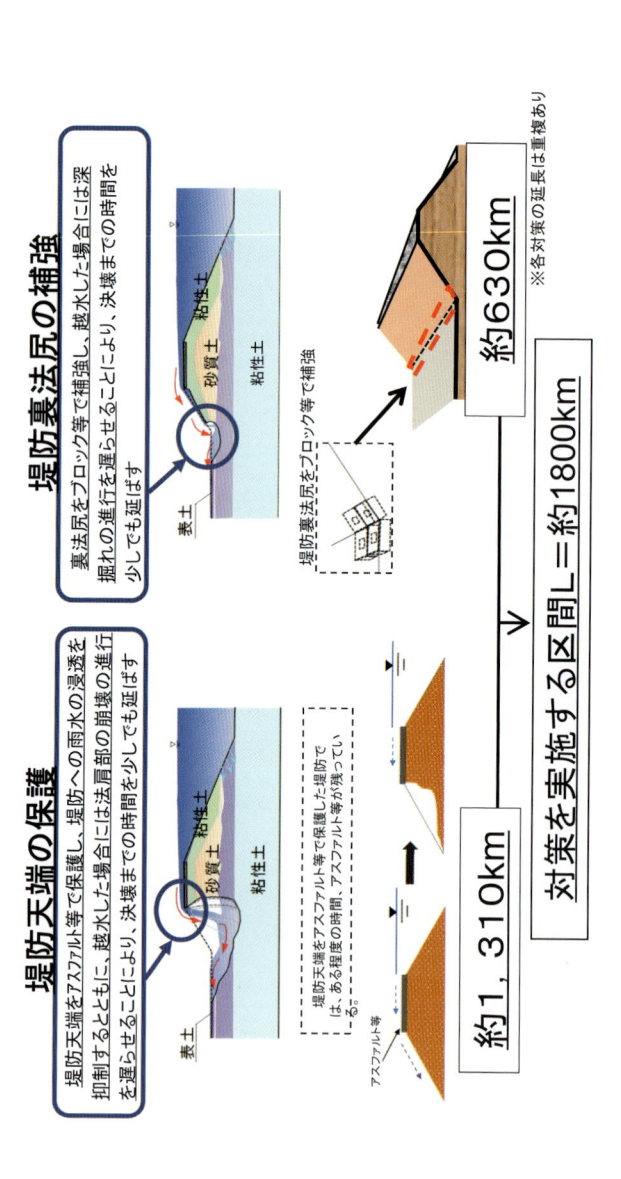

堤防天端の保護

堤防天端をアスファルト等で保護し、堤防への雨水の浸透を抑制するとともに、越水した場合には法肩部の崩壊の進行を遅らせることにより、決壊までの時間を少しでも延ばす

表土
砂質土
粘性土

アスファルト等

堤防天端をアスファルト等で保護した堤防では、ある程度の時間、アスファルト等が残っている

堤防裏法尻の補強

裏法尻をブロック等で補強し、越水した場合には深掘れの進行を遅らせることにより、決壊までの時間を少しでも延ばす

表土
砂質土
粘性土

堤防裏法尻をブロック等で補強

約1,310km

約630km

対策を実施する区間L=約1800km

※各対策の延長は重複あり

⑫

住民目線のソフト対策

○水害リスクの高い地域を中心に、緊急速報メールを活用した洪水情報のプッシュ型配信など、住民が自らリスクを察知し主体的に避難できるよう住民目線のソフト対策に重点的に取り組む。

リスク情報の周知

○想定最大規模の浸水想定区域の公表
⇒国管理河川全109水系において、想定最大規模の洪水浸水想定区域は全ての河川で公表済み。
・都道府県管理河川において、協議会の場等を活用し、作成・公表の予定を検討し、「地域の取組方針」ごとにとりまとめを行い、順次作成・公表。

○水害危険性の周知促進
⇒協議会の場等を活用し、平成33年度までに市町村の役場等の所在地に係る河川の内、現在未指定の河川において簡易な方法も活用し、水害危険性の周知促進。

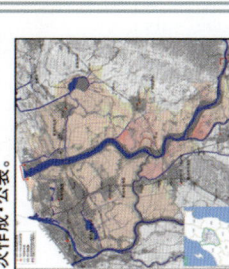

<想定最大規模の洪水浸水想定区域>

事前の行動計画、訓練

○避難に着目したタイムラインの策定
○首長も参加するロールプレイング形式の訓練

<タイムラインのイメージ>

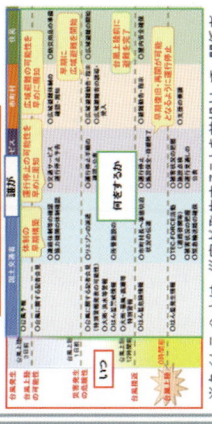

※タイムラインとは、災害が発生することを前提として、関係者が事前にとるべき行動を「いつ」「誰が」「何をするか」に着目して、時系列で整理し、関係者間で予め合意して文書化したもの

⇒国管理河川は平成29年度末に全ての対象市町村で策定完了。訓練を通じて見直し、改善を図る。
・都道府県管理河川については、平成33年度までに対象の全市町村で策定。

避難行動のきっかけとなる情報をリアルタイムで提供

洪水情報をプッシュ型で配信

スマホ等で取得

自分のいる場所の近傍の情報

ライブカメラ

群番る雨量情報

河川水位

自分のいる場所

⇒川の防災情報を、河川沿いのカメラ映像等を追加しリニューアル済み。
・緊急速報メールを活用した洪水情報のプッシュ型配信を、すべての国管理河川において、平成30年5月より連用済み。

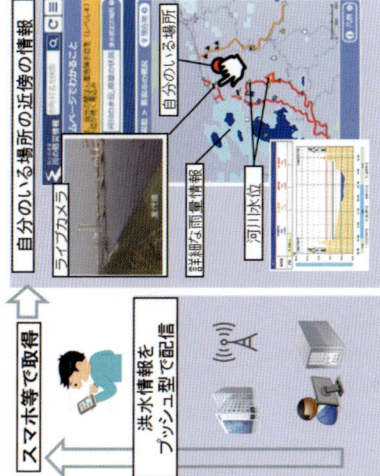

家屋倒壊危険区域の公表

早期の立退き避難が必要な区域の1つとして、想定最大規模の洪水が発生した場合に、家屋倒壊等をもたらすような洪水の氾濫等が想定される区域を、「家屋倒壊等氾濫想定区域」として公表。

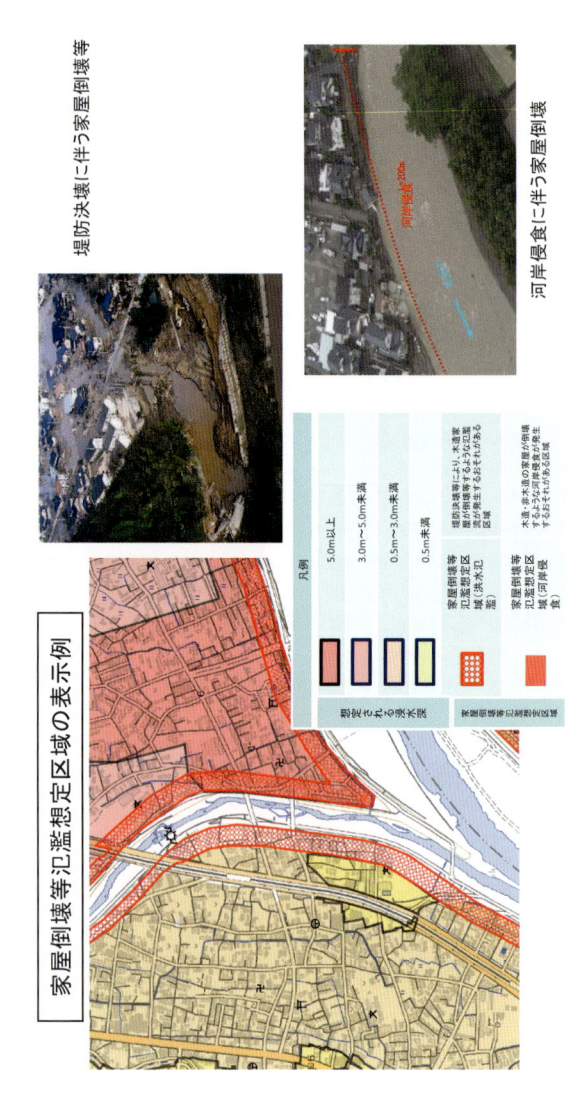

堤防決壊に伴う家屋倒壊等

河岸侵食に伴う家屋倒壊等

家屋倒壊等氾濫想定区域の表示例

凡例

想定される浸水深
- 5.0m以上
- 3.0m～5.0m未満
- 0.5m～3.0m未満
- 0.5m未満

家屋倒壊等氾濫想定区域
- 家屋倒壊等氾濫想定区域（洪水）　堤防決壊等により、木造家屋の倒壊等をもたらすような氾濫流が発生することが想定される区域
- 家屋倒壊等氾濫想定区域（河岸侵食）　本流・派川及び河道の深掘れが供給するような河岸侵食が発生することが想定される区域

避難のためのタイムラインの整備

平成29年6月までに、国管理河川沿川に位置する全730市町村で、河川管理者、市町村、気象台等が連携し、避難勧告等の発令に着目した水害対応タイムラインを作成済み。

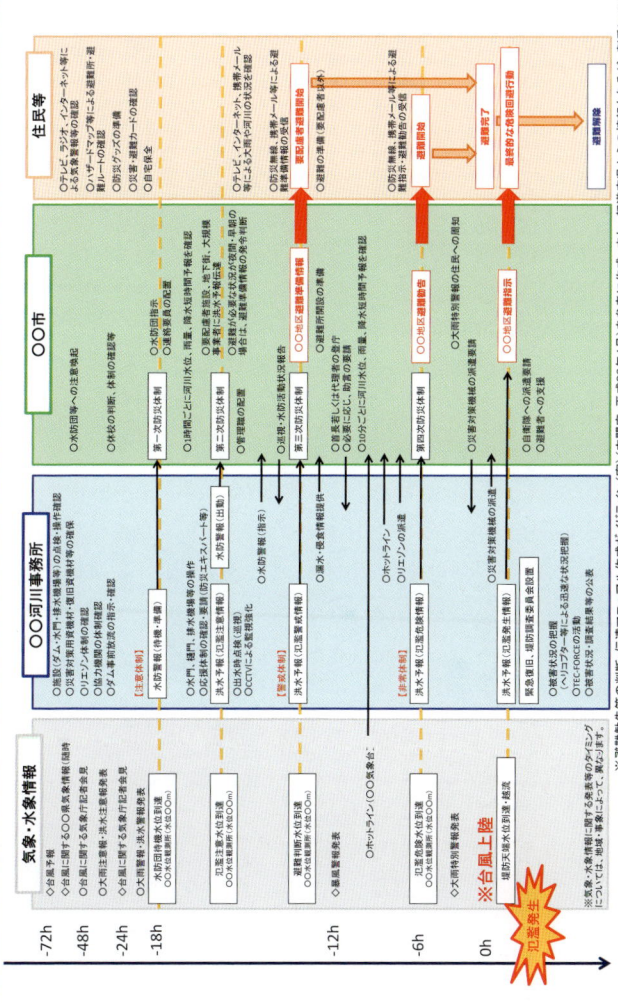

⑮

緊急速報メールを活用した洪水情報のプッシュ型配信

- 洪水時に住民の主体的な避難を促進するため、平成28年9月から緊急速報メールを活用した洪水情報（※1）のプッシュ型配信（※2）を、鬼怒川流域の常総市等を対象に運用開始。
- 平成30年5月1日より、国管理河川 全109水系に配信エリアを拡大。

※1 「洪水情報」とは、洪水予報指定河川の氾濫危険情報（レベル4）及び氾濫発生情報（レベル5）の発表を契機として、住民の主体的な避難を促進するために配信する情報です。
※2 「プッシュ型配信」とは、受信者側が要求しなくても発信者側から情報が配信される仕組みです。

洪水情報のプッシュ型配信イメージ

河川管理者（国）
・気象庁

洪水予報作成・発表
（地方整備局等）

メール・FAX等
従来

洪水情報
追加!!

関係市町村、報道機関等

テレビ・ラジオ
インターネット等
従来

携帯電話事業者
（NTTドコモ、KDDI・沖縄セルラー、
ソフトバンク（ワイモバイル含む））

緊急速報メール
追加!!

一般住民

※今回のメール配信は、携帯電話事業者が提供する「緊急速報メール」のサービスを活用して洪水情報を携帯電話ユーザーへ周知するものであり、洪水時に住民の主体的な避難を促進する取組みとして国土交通省が実施するものです。

16

「水防災意識社会」の再構築に向けた緊急行動計画

「水防災意識社会」の再構築に向けた緊急行動計画

「社会資本整備審議会河川分科会大規模氾濫に対する減災のための治水対策検討小委員会」の答申において実施すべき対策とされた事項のうち、緊急的に実施すべきハード・ソフト対策について、実効性をもって着実に推進するため、概ね5年（平成33年度）で取り組むべき国土交通省としての方向性、具体的な支援等についてとりまとめたもの。

緊急行動計画の全体構成

(1) 水防法に基づく協議会の設置のための取組

(2) 円滑かつ迅速な避難のための取組
　① 情報伝達、避難計画等に関する事項
　② 平常時からの住民等への周知・教育・訓練に関する事項
　③ 円滑かつ迅速な避難に資する施設等の整備に関する事項

(3) 的確な水防活動のための取組
　① 水防体制の強化に関する事項
　② 市町村庁舎や災害拠点病院等の自衛水防の推進に関する事項

(4) 氾濫水の排水対策のための取組

(5) 河川管理施設の整備等の取組

(6) 減災・防災に関する国の支援等の取組

「水防災意識社会」の再構築に向けた緊急行動計画の主な取組

水防法に基づく協議会の設置

○平成30年出水期までに、国及び都道府県管理河川の全ての対象河川において、水防法に基づく協議会を設置し、今後の取組内容を記載した地域の取組方針をとりまとめ

平成29年度	平成30年度	平成31年度	平成32年度	平成33年度
平成29年出水期までに、「水防災意識社会 再構築ビジョン」に基づく協議会を設置	平成30年出水期までに、既に設置されている協議会で、水防法に基づく協議会へ移行したうえで、「地域の取組方針」を確認し、減災対策を充実 平成30年出水期までに、新たに設置する協議会では、水防法に基づく協議会を設置し、今後の取組内容を記載した「地域の取組方針」をとりまとめ	毎年、協議会を通じて取組状況をフォローアップし、必要に応じて地域の取組方針」の見直しを実施 ・協議会の取組内容等についてホームページ等で公表		

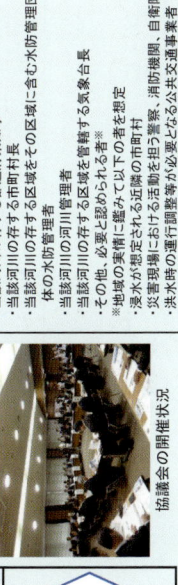

協議会の開催状況

凡例　国管理河川　都道府県管理河川　国・都道府県管理河川共通

<協議会での取組事項>
① 現状の水害リスク情報や取組状況の共有
② 避難勧告等の発令基準やタイムラインの作成・改善
③ 住民に対する洪水予報や浸水想定等の情報提供方法の改善　等

<協議会の構成員>
・国土交通大臣（国管理河川のみ）
・当該河川の存する都道府県知事
・当該河川の存する市町村長
・当該河川の河川管理者
・当該河川の存する区域をその水防管理団体の水防管理者
・当該区域の存する区域を管轄する気象台長
・その他、必要と認められる者等
※地域の実情に鑑みた以下の者を想定
　浸水が想定される近隣市町村
　災害時協定を結ぶ近隣の市町村
　災害現場における活動を担う警察、消防機関、自衛隊
　洪水時の運行調整等が必要となる公共交通事業者

「水防災意識社会」の再構築に向けた緊急行動計画

凡例 国管理河川 ／ 都道府県管理河川 ／ 国・都道府県管理河川共通

水害対応タイムラインの作成促進

○平成29年6月に、国管理河川全ての沿川市町村において水害対応タイムライン※を作成（平成32年度までとしていた現在の作成目標を**大幅に前倒し**）
○平成33年度までに、都道府県管理河川沿川の対象となる市町村において、水害対応タイムラインを作成

（※防災関係機関が連携して水害時に発生する状況を予め想定し共有した上で、「いつ」、「誰が」、「何をするか」に着目 して、防災行動とその実施主体を時系列で整理したもの）

平成29年度	平成30年度	平成31年度	平成32年度	平成33年度

平成29年6月に国管理河川の全ての沿川市町村で避難勧告着目型の水害対応タイムラインを作成

毎年の出水期前に、関係機関と水害対応タイムラインの確認を行うとともに、洪水対応訓練等にも活用し、得られた課題を水害応タイムラインに反映

平成29年度中に洪水予報河川及び水位周知河川の沿川等で、対象となる市町村を検討・調整

協議会の場等を活用し、平成33年度までに水害対応タイムラインを作成

要配慮者利用施設における避難体制構築への支援

○平成33年度までに、対象となる全施設における避難確保計画の作成を進めるとともに、それに基づく避難訓練を実施
○平成29年度中に、モデル施設において避難確保計画を作成

平成29年度	平成30年度	平成31年度	平成32年度	平成33年度

平成29年6月までに
・要配慮者利用施設管理者向け計画作成手引きの充実
・市町村等向け点検用マニュアル作成
・要配慮者利用施設向け説明会の開催

平成29年度中に、内閣府、消防庁、厚生労働省、県、市、施設管理者等と連携して、岩手県、岡山県、兵庫県のモデル施設において避難確保計画を検討・作成。とりまとめた知見については協議会等の場で共有。

平成33年度までに、対象となる全施設における避難確保計画の作成を進めるとともに、それに基づく避難訓練を実施
・避難確保計画の作成状況、避難訓練の実施状況について、毎年市町村等を通じて確認し、協議会で進捗状況を共有

水害危険性の周知促進

○協議会の場等を活用し、今後5年間で指定予定の洪水予報河川、水位周知河川について検討・調整を実施。平成30年出水期までに「地域の取組方針」にとりまとめ
○平成33年度までに、市町村の役場等の所在地に係る河川の内、現在未指定の約1,000河川において簡易な方法※も活用して水害危険性を周知

（※過去の浸水実績の周知、橋脚等へ危険水位等の到達を知らせる目印の表示等）

平成29年度	平成30年度	平成31年度	平成32年度	平成33年度

協議会の場等を活用し、今後5年間で指定予定の洪水予報河川、水位周知河川について検討・調整を実施。平成30年出水期までに「地域の取組方針」にとりまとめ

平成33年度までに、市町村の役場等の所在地に係る河川の内、現在未指定の約1,000河川において簡易な方法も活用して水害危険性を周知（既に水位周知河川等に指定されている約1,500河川とあわせ、約2,500河川で水害危険性を周知）

防災教育の促進

○平成29年度に国管理河川の全ての129協議会において、防災教育に関する支援を実施する学校を教育関係者等と連携して決定し、指導計画の作成支援に着手
○平成30年度末までに、国の支援により作成した指導計画を、都道府県管理河川を含む協議会に関連する市町村の全ての学校に共有

平成28年度	平成29年度	平成30年度	平成31年度	平成32年度	平成33年度

平成28年度より、28校において指導計画の作成支援を先行して実施

・平成29年度中に、国管理河川の全ての129協議会において、防災教育に関する支援を実施する学校を教育関係者等と連携して決定し、平成30年度末までに、防災教育に関する指導計画を作成できるよう支援
・国の支援により作成された指導計画を都道府県管理河川を含む協議会に関連する市町村の全ての学校に共有

引き続き、防災教育の実施を支援

学習指導要領改訂 平成29年3月31日

（平成29年3月31日に改訂された新学習指導要領の周知・徹底・移行期間）

（平成29年3月31日に改訂された新学習指導要領の全面実施）

はじめに

　地球温暖化による気候変動は、人間の生活や自然の生態系にさまざまな影響を与えています。18世紀半ばの産業革命の開始以降、人間活動の影響で大気中の温室効果ガスの濃度は急激に増加しました。この急激に増加した温室効果ガスが気候変動を引き起こし、世界中で深刻な影響を与えつつあります。気候システムの温暖化には疑う余地はなく、大気と海洋は温暖化し、雪氷の量は減少し、海面水位は上昇しています。今後も、この傾向は強まると予測されています。

　我が国においても、近年、平成27年の関東・東北豪雨災害や平成28年の台風10号等による豪雨災害、昨年の九州北部豪雨災害など、毎年のように甚大な災害が全国各地で発生しており、気候変動の影響は既に顕在化しつつあります。今後さらに、大雨や短時間強雨の発生頻度、大雨による降水量などが増大することが予測されています。一方で洪水氾濫を未然に防ぐ河川整備等のハード対策は整備途上であり、整備には時間を要することから、今後も施設の能力を上回る外力によって激甚な災害が頻発することが懸念されます。

　かつて、近代的河川改修が実施される以前の施設の能力が低く水害が日常化していた時代には、水害を「我がこと」として捉え、これに自ら対処しようとする意識が社会全体に根付いていましたが、その後、近代的河川改修が進み、水害の発生頻度が減少したことに伴い、社会の意識は「水害は施設整備によって発生を防止するもの」へと変化していきました。

　今後、施設の能力を上回る洪水の発生頻度が高まることを踏まえると、逃げ遅れによる人的被害をなくし、社会経済被害の最小化を図るためには、河川管理者を筆頭とした行政や住民等の各主体が、「施設の能力には限界があり、施設では防ぎきれない大洪水は必ず発生するもの」へと意識を変革し、社会全体で洪水氾濫に備える必要があります。

　そのためには、行政や住民、企業等の各主体が、水害リスクに関する十分な知識と心構えを共有し、避難や水防等の危機管理に関する具体的な事前の計画や適切な体制等を備えるとともに、施設の能力を上回る洪水が発生した場合においても、浸水面積や浸水継続時間等の減少等を図り、避難等のソフト対策を活かすための施設による対応が準備された社会を目指す必要があり

ます。現在、そのような「水防災意識社会」の実現を目指し、全国各地で多様な関係者が連携して、ハード・ソフト一体となった防災・減災対策の取組が進められています。

　本書は、平成27年12月に国土交通省が発表した「水防災意識社会　再構築ビジョン」を中心に防災対策に関する各種の施策や具体的な取組事例により、取組の全体像を分かりやすく紹介するためにとりまとめたものです。

　本書刊行準備中の本年7月上旬に、「平成30年7月豪雨」により西日本を中心に甚大な被害が発生しました。この豪雨により同時多発的かつ広域的に浸水被害、土砂災害が発生したことを踏まえ、「水防災意識社会」の再構築に向けて各種取組をさらに加速・充実させることが必要です。現在、具体的な検討が進められており、今後、新たな対応策に取り組むことが急務となります。

　本書では、第1章第1節で「水防災意識社会の再構築」の取組を始めた背景として、洪水と人の歴史的係わりや近年発生した豪雨災害の特徴と課題を説明し、第2節では、その背景を踏まえて「水防災意識社会　再構築ビジョン」の取組として、洪水氾濫による被害を軽減するための「住民目線のソフト対策」や「危機管理型ハード対策」、洪水氾濫の頻度を減らすための「洪水氾濫を未然に防ぐ対策」を説明、その後さらに取組を加速させるために講じられた「水防法等の一部改正する法律」や「水防災意識社会の再構築に向けた緊急行動計画」などについて説明します。

　そして第2章では、水防災意識社会の実現に向け、全国各地で取り組まれている「円滑な避難のための取組」や「防災教育の取組」、「水防活動の取組」等の具体的な取組事例について紹介します。

　これらの近年の豪雨災害を踏まえた防災・減災対策の取組については、国土交通大臣から社会資本整備審議会に諮問され、河川分科会に設置された小委員会で討議されて取りまとめられた「大規模氾濫に対する減災のための治水対策のあり方について〜社会意識の変革による「水防災意識社会」の再構築に向けて〜」（平成27年12月）と「中小河川等の水防災意識社会の再構築のあり方について」（平成29年1月）の二つの答申を受け、国土交通省が打ち出した施策又は関連した取組として進められています。この二つの答申は第3章に掲載しました。本書は、これらの各種施策を担当する国土交通省水

管理・国土保全局の有志により構成された水管理・国土保全研究会が、各有識者、各取組事例のご担当各位からご協力を頂きながら編著を行ったものです。

　今後、気候変動の影響により水害がさらに頻発・激甚化することを考えると、いつ起こるかわからない豪雨に対し、施設整備を着実に進めるとともに、人的被害をゼロにするための減災対策は待ったなしの状況にあります。平時から水害リスク等の水災害を意識し、豪雨災害に遭遇した際には「自ら主体的に行動する」という意識が醸成され、社会全体で水災害に備える水防災意識社会の実現に向け、行政、住民、企業等の各主体がどのような取組を実施、継続していかなければならないのか考えて頂く一助になることを望みます。

平成30年９月
国土交通省水管理・国土保全研究会

地球温暖化に備えた河川・水資源管理のさらなる進化へ向けて

社会資本整備審議会　河川分科会会長　小池　俊雄

　近年、地球規模の気候システムの温暖化は疑う余地はなく、我が国においても狭い地域に豪雨が発生しやすくなっており、その影響は流域が狭く、短時間で洪水が流下する都市河川と中山間地において大きくなることは水文学の教えるところです。中山間地において脆弱な地質構造の場合には、さらに土砂の生産・輸送・堆積もより活発となります。長年にわたって人々が生活を営んできた谷底平野という地形は、もともとは数百年から数千年に1回生じる豪雨の営力によって形成されたものであり、温暖化によってこの時間スケールが変化しているという認識が必要です。

　明治以前の治水は、居住地や農地などと地続きで石高と関係なく自由に使える土地（地先とよぶ）の自然特性を利用した局所的な水害対策が主流で、地域住民自らが洪水対策に関わり、洪水に関する知識や経験の蓄積が、水害対策行動に反映されていました。明治期以降、段階的に連続堤防とダムを用いた河川・水資源の総合的な管理手法の発展とともに、地先を守るという市民の当事者意識は低下したとみることができます。

　平成27年9月の関東・東北豪雨災害を契機として、一級河川の直轄管理区間の洪水災害において、孤立者の発生を防ぎ、効果的な広域避難を実現し、避難時間を確保するための危機管理に資する施設を整備すること等を目的として同年12月に社会資本整備審議会より大臣に、「水防災意識社会の再構築」（直轄河川版）が答申されました。

　翌平成28年には、今までにはないコースを辿った台風が次々と北海道・東北地方を襲い、人口や資産が点在する中山間地の河川において甚大な被害が生じました。そこで、これまで国が重点的に整備してきた一級河川の直轄管理区間や著しく開発が進んだ都市河川における水害とは異なり、都道府県知事に管理が委託されている中小河川において、人的被害、とりわけ要配慮者利用施設での逃げ遅れを無くし、地域社会の経済被害の最小化を目指して、「水防災意識社会の再構築」（中小河川版）が平成29年1月に答申されました。

この中小河川版の答申には、２つの新たな指摘も込められました。第一は、「緊急的かつ高度な技術を要する災害復旧工事等が必要な場合は、速やかな工事実施により早期の復旧・復興が可能となるよう、国等が代わって工事を実施（代行）するなどの技術的支援が実施できる仕組みを構築すべき」という提言です。第二は、北海道十勝川水系ペケレベツ川及びパンケ新得川、岩手県小本川の事例を示し、「中小河川等の上流部では、山腹崩壊等により多量の土砂流出が発生し、これにより水位上昇を引き起こす場合がある」と指摘した上で、「土砂流出による洪水中の河床変動の状況はこれまで十分に解明されていないことから、これらを把握するための研究を進めるべきである。」と提言したことです。

　この２つの指摘は、答申半年後の九州北部豪雨災害で現実となってしまいました。第一の「代行」については準備が間に合いました。直轄河川版と中小河川版の２つの答申をまとめる形で平成29年５月に水防法が改正され、６月に施行されました。改正水防法では、「逃げ遅れゼロ」や「社会経済被害の最小化」実現の方策とともに、国による工事の代行制度が盛り込まれ、九州北部豪雨災害で甚大な被害を受けた赤谷川流域の復旧に適用されたのです。

　第二については自然の脅威をまざまざと見せつけられる結果となりました。12時間に900ミリ（解析雨量）にも達する豪雨によって、深層までマサ化した花崗閃緑岩で構成される筑後川右岸の中山間地では至る所で土石流が発生しました。これによって生産された粒径２ミリ程度、あるいはこれよりもよりも細かい粒径を持つ大量の土砂は洪水流によって流下し、その堆積によって谷底平野の細い河道は瞬く間に埋め尽くされました。流れの場を失った洪水流は流木とともに谷底平野の幅一杯に波を打って流れ広がり、のどかな農村風景を一変させたのです。

　中小河川版の答申を受けて一部の研究機関では早速研究を開始しており、現象の理解を目的として開発中であった土砂動態を組み込んだ洪水氾濫モデルに、緊急の現地調査の結果を加えて方法論は完成しましたが、科学的に精査を重ね、技術的適用性を確認して、政策的に利用できるレベルにまでには昇華しきれておらず、災害を減らすための先手を打つことはできず、無念さを噛み締める結果となりました。

社会と気候の変化を認識し、予測し、対策を講ずるには、科学的想像力と実証力を高め、その成果を政策に反映する新たなステップが必要となります。明治以降の河川・水資源管理の歴史を紐解けば、明治期には水運から治水へと目的を変更し、昭和期と平成期にはそれぞれ利水と環境を目的に加えてきました。また既往最大流量の観測値を用いていた洪水計画を、降雨確率と流出計算による手法へと変更したのは昭和期です。「水防災意識社会の再構築」は、社会と気候の変化に応じた河川・水資源管理の確立の第一歩であり、さらなる進化が必要なのです。

目　次

口絵

はじめに

地球温暖化に備えた河川・水資源管理のさらなる進化へ向けて
社会資本整備審議会　河川分科会会長　小池　俊雄

第1章　水防災意識社会の再構築について

第1節　背景…………………………………………………………………… 1

(1)　洪水と人の歴史的関わり…………………………………………… 1

水防と治水との構図

（関東学院大学名誉教授　宮村　忠）… 7

濃尾平野の歴史

（NPO 法人木曽三川環境保全機構顧問（元長島町長）

平野　久克）…12

佐賀平野の治水の歴史（佐賀大学名誉教授　荒牧　軍治）………16

水との共生を選んだ越後平野の人々

（NPO 法人信濃川大河津資料館友の会　理事　樋口　勲）…21

(2)　近年多発する豪雨災害と課題………………………………………26

平成27年関東・東北豪雨災害………………………………………27

平成28年北海道・東北地方の台風災害……………………………28

平成29年九州北部豪雨災害…………………………………………30

第2節　水防災意識社会の再構築の取組………………………………33

(1)　水防災意識社会の再構築ビジョン…………………………………33

水防災意識社会再構築ビジョンの概要……………………………33

1）住民目線のソフト対策……………………………………………35

①　水害リスク情報の周知…………………………………………35

家屋倒壊等氾濫想定区域の公表…………………………………35

わかりやすい水害ハザードマップへの改良……………………36

不動産関連事業者への水害リスク等の説明会……………38

要配慮者利用施設の避難確保…………………………………39

② 事前の行動計画・訓練………………………………………42

市町村長の避難勧告発令を支援する「ホットライン」………42

誰が、いつ、何をするか。「水害対応タイムライン」の

取組……………………………………………………………44

防災教育の推進………………………………………………45

③ 避難行動のきっかけとなる情報のリアルタイム提供………48

川の防災情報…………………………………………………48

プッシュ型の洪水情報の提供………………………………50

地域の水害危険性の周知……………………………………52

2）ハード対策…………………………………………………54

ハード対策の重要性…………………………………………54

（梯川の事例）………………………………………………54

（首都圏外郭放水路の事例）………………………………55

（上野遊水地の事例）………………………………………55

（寺内ダムの事例）…………………………………………56

（水防災意識社会再構築を踏まえたハード対策）…………57

（洪水氾濫を未然に防ぐ対策）……………………………57

（危機管理型ハード対策）…………………………………57

⑵ **水防法等の一部改正する法律の施行**………………………59

水防法等の一部を改正する法律（平成29年法律第31号）の

概要について…………………………………………………59

⑶ **中小河川緊急治水対策プロジェクト**………………………67

中小河川緊急治水対策プロジェクトの概要………………67

⑷ **水防災意識社会の再構築に向けた緊急行動計画の策定**…………69

水防災意識社会の再構築に向けた緊急行動計画の概要…………69

第2章　水防災意識社会の再構築に向けた地域の取組事例

各地域における水防災の取組…………………………………71

地域の災害対応力向上を目指して　　　（見附市長　久住　時男）…72

⑴ **ホットライン、タイムラインによる円滑な避難勧告発令の取組**……76
　常呂川での取組について（ホットラインは命綱）
　　　　　　（前北見市総務部防災危機管理担当部長　阿部　孝夫）…76
　雄物川での取組について
　　　　　　　（秋田県大仙市防災危機管理監　郡山　茂樹）…80
　秋田県の中小河川での取組
　　　　　　　（秋田県建設部河川砂防課長　小野　久喜）…85
　筑後川での取組
　　　　　（大分県日田市総務部防災危機管理室主事　谷瀬　貴信）…91
⑵ **マイ・タイムラインの取組**…………………………………………96
　鬼怒川・小貝川下流域におけるマイ・タイムラインの取組に
　ついて
　　　　（鬼怒川・小貝川下流域大規模氾濫に関する減災対策協議会）…96
⑶ **防災教育の取組**………………………………………………… 102
　狩野川の防災・河川環境教育への取組
　　　　　　（静岡県伊豆市立熊坂小学校　校長　勝呂　義弥）… 102
　地域防災力の核となる人材育成を目指す防災学習の取組
　　　　　　　（鹿児島県さつま町建設課長　小永田　浩）… 107
⑷ **わが家の防災コンテストの取組**（ふくいの水防災を考える会）… 113
⑸ **最上川中流における「まるごと・まちごとハザードマップ」**
　の取組について
　　　　　　　（山形県大蔵村危機管理室長　佐藤　利男）… 118
⑹ **三条市におけるブラインド型水害対応訓練の取組について**
　　　（新潟県三条市総務部行政課防災対策室主任　谷間　陵雲）… 123
⑺ **実践的な避難訓練の取組〜平成28年度北九州市総合防災訓練**
　　　（福岡県北九州市危機管理室危機管理課　川崎　優介）… 127
⑻ **「簡易アラート装置」を活用した水位周知による主体的な避**
　難行動を促す取組
　　（国土交通省東北地方整備局北上川下流河川事務所
　　防災情報課・調査課）………………………………………… 131
⑼ **県境、市境を越える「大規模水害時における広域避難の連携**

に関する協定」

(千葉県香取市総務企画部総務課副参事　山本　章夫) … 135

⑽　さかわ家族防災会議の日・防災まちづくりサロンの取組

(高知県佐川町総務課危機管理対策室長　藤本　雅徳) … 139

⑾　要配慮者利用施設の避難確保計画作成支援の取組

(前三重県津市危機管理部防災室　東谷　竹雄) … 144

⑿　排水ポンプ車の円滑な連携

(広島県安芸高田市建設部管理課長　小野　直樹) … 149

⒀　水防技術伝え人の育成の取組

(北陸地方整備局河川部広域水管理官　長谷川賢市) … 153

⒁　淀川左岸における水防活動の取組

(淀川左岸水防事務組合事務局長　南崎　憲生) … 158

⒂　水防活動の取組

(一般社団法人栃木県建設業協会) … 163

第3章　参考資料

「大規模氾濫に対する減災のための治水対策のあり方について」…… 169

「中小河川等における水防災意識社会の再構築のあり方について」… 185

第1章　水防災意識社会の再構築について

第1節　背景

(1)　洪水と人の歴史的関わり

　文明の発生は河川沿いであったことからも明らかなように、水利用の容易さは人間の生活に重要な要素で、特に日本では、稲作の発展とともに、農業用水の利用が可能な低地も生活の拠点になってきました。しかしながら、そこは同時に洪水の発生の恐れの高い土地でもあり、水田での収益性を上げるためには、農業用水を導入するなど施設の整備に加えて、頻繁に発生する洪水被害の低減や排水性の向上を図る必要がありました。河川は、大規模な氾濫を生じさせて、生活の糧を奪い去るだけではなく、生命までも脅かす存在であるため、様々な自然環境を生活に取り入れる中で河川をうまく利用するとともに水害とも付き合うための知恵や工夫が培われてきました。

　このように地域の中で育まれてきた河川や自然との持続的な付き合い方や共助の仕組みを成立させていた地域の社会構造は、明治時代以降、様々な法制度の整備が進み、行政などの関与が増え、様々な機関の役割分担が明確化されてきたことで、姿を変えていきます。さらに、産業構造が農業から工業へと変化していくなかで、工業化のために高い技術力と機械力を用いた高度なインフラ整備が求められ、堤防やダムの整備によって飛躍的に安全度を向上させてきました。しかし、施設能力を超える洪水は必ず発生することを忘れてはなりません。

○近代以前における洪水対策

　明治時代以前は、地域の主産業が農業であり、自給自足の生活が行われていました。また、地域では様々な役割を地域内の住民が分担しつつ、助け

合って生きる社会が形成されていました。

　河川は洪水によって流路を度々変えるため、河道が安定せずに蛇行を繰り返す土地は、稲作に十分に活用できません。また、度々氾濫する場所は湿気が多く排水性が悪いため、稲作の作業効率が悪くなります。この

図表1-1　信玄堤（霞堤）

ため、川沿いの土地を安定的に田んぼに利用するためには大規模な工事が必要であり、釜無川の信玄堤（図表1-1）や利根川の東遷・荒川の西遷（図表1-2）など、藩によって河川の改修や放水路の整備等の大規模な河川工事が実施されています。他方、住民も自らが中心となって地域の水害を低減させるための防御対策を積極的に行ってきました。しかしながら、現在のように広く連続的に堤防を整備して水害をコントロールすることは技術的にも金銭的にも困難であり、多くの場合は、部分的な堤防や二線堤、輪中堤等に加え

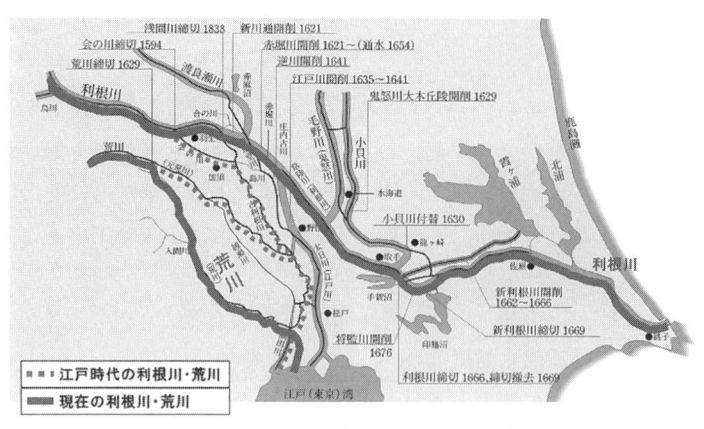

図表1-2　利根川東遷・荒川西遷

て、水害防備林（図表1-3）等も
組み合わせて、一定程度洪水を制
御するとともに、氾濫が発生する
ことを前提に、住まい方の工夫も
進められてきました。住家の場所
は、水害や土砂災害の常襲地帯を
可能な限り避けるとともに、想定
される洪水の流れから家屋を守る
ような工夫として、住宅の敷地を
舟形（図表1-4）にしたり、周囲
を林で覆ったり、石垣
を築造している場合
（図表1-5）も見られ
ます。さらには浸水し
た場合やその後の生活
にも備えて、高台の整
備や船の確保などを
行っている場合もあり
ます。これらの住居は
周辺の住民の避難場所
としても活用され、地
域の防災システムの中
に組み込まれていまし
た。さらに、洪水の歴
史については、社寺等
で記録されている他、
場所によっては地蔵の
高さ（図表1-6）等で
後世に伝えるなど、水
害の記録の伝承の工夫
も合わせて行われてき

図表1-3　水害防備林

図表1-4　舟形住居

図表1-5　城構えの住居

3

ました。

　堤防は自らの住んでいる地域を守るための施設であり、その整備に従事することはもちろんのこと、豪雨時に堤防が決壊することを防ぐための水防活動についても、地域住民は自らが進んで従事してきました。災害への備えも発災時の対応も、住民自身が我がこととしてとらえていたのです。

　治水対策は地域間の利害が対立するため、堤防の整備にあたって、地域の争いごとに発展した場合には藩が仲裁に入る場合もありましたが、集落間で話し合いによって調整が図られることが一般的でした。このように、地域住民は地域を守るための当

図表1-6　高地蔵

事者であり、長い歴史の中で水害から地域を守るために多様な知恵や工夫を生み出し、それぞれの地域の中で川と闘いながらも川とともに生きるための術を身につけていました。

○明治時代以降の洪水対策

図表1-7　日本に招聘された
　　　　技術者　デ・レーケ

　明治時代になると、日本では、近代化を進めるために、工業化を推進するとともに、農業生産力も向上させることができたため、江戸時代に安定していた人口が急激に増加します。工業化が進む都市部で、地方部からの人口が流出して肥大化を始めました。さらに、明治政府は、鉄道や土木などの多岐にわたる分野において、欧米から多くの専門家（図表1-7）を招き入れ、治水対策の近代化（西洋化）を進めていきます。

　河川整備についても強力に進めるため、明治29年（1896年）には河川法が制定され、行

政が河川管理を行う法体系が整備されます。明治時代以前の洪水対策の考え方は、一定規模以上の洪水は氾濫させつつ、水害防備林や住まい方などによって被害を最小化させてきましたが、ヨーロッパ等で採用されていた河川沿いに連続的な堤防を整備することで、洪水を河川内に閉じ込める手法が主流となっていきます。さらに、明治中期以降、国による直轄事業によって蒸気機関など機械を活用した大工事が各地で順次実施され、河川の下流部では川沿いに大規模な堤防が整備されます。このように、法制度の整備や、機械を用いた大規模堤防の構築により、明治時代以前とは異なって、住民がその工事に従事することはなくなってきました。

○戦後の洪水対策

　戦後の約15年間は、毎年のように巨大台風が来襲し、2年間を除いて千人以上の死者が発生しましたが、これは第二次世界大戦中の国土の荒廃や治山治水対策の遅れ、急速な近代化による沖積平野における開発の加速化などが原因でした。明治以降進めてきた工業化の流れは更に加速化し、膨大な水需要も生み出していきます。

　このため、昭和39年河川法改正、昭和32年特定多目的ダム法制定などにより、河川やダムの整備をさらに強化するための制度の充実が図られるとともに、河川整備の着実な進展により、年々水害による人的被害は大幅に減少していきます。しかし、大量の住民が都市部に流入したことにより、氾濫常襲地帯における開発が進んだことや、人々の生活レベルの向上によって付加価値の高い家財道具が増加したことなどから、水害被害が減少したとは言えず、昭和52年には流域対策と河川整備を一体的に計画するための総合治水対策も制度化されました。ただし大規模災害が減少したことは、住民に、治水対策によって洪水はコントロールでき、水害はもう発生しないとの認識を芽生えさせることに繋がったと考えられます。

　また、災害対策基本法や水防法等の整備も進められ、災害時の役割分担の明確化や情報の体系化等も進捗し、行政による災害時における業務は飛躍的に増大していきます。これらは自助や共助の役割の変更を意図したものではありませんが、住民からすると、結果的には危機管理時の行動についても行政依存が進み、水害発生時においても自らの命は自らで守るという自助の意

識が薄れていってしまいました。

○水防災意識社会

　これまで治水事業の進捗によって水害による被害を減少させることができました が、今後、気候変動によって、平成27年９月の鬼怒川のような施設能力を上回る洪水の発生頻度が高まることが予想されます。このような洪水による被害を少しでも小さくするためには、河川管理者や地方自治体はもちろんのこと、企業や住民等の各主体が、「施設の能力には限界があり、施設では防ぎきれない大洪水は必ず発生するもの」との意識をもち、社会全体で洪水氾濫に備える必要があります。

　水害を低減させるため各地において長い歴史の中で様々な工夫が行われてきました。現代においてそのような工夫が必ずしも活かすことができるものとは限りませんが、これまでの水害対策の歴史も学びつつ、今後来るべき水害に、社会の各層がどのように洪水氾濫に備えることができるかを考えることが望まれています。さらに、そのような水害が発生した際はそれぞれがしっかり役割を果たし、社会が連携して被害の最小化に努めることが求められているのです。

水防と治水の構図

関東学院大学名誉教授　宮村　忠

1．川と人

　川と人との関わりが、急激に高まったのは、鎌倉幕府の成立後でしょう。農場主－武士が、幕府をつくりました。「この国のかたち」で司馬遼太郎は、「驚天動地のことだった」と表現し、「田地の所有が明快になった」ことで、思想や芸術をはじめとして、さまざまな影響が現れたと説いています。土地所有が力を表現するようになったのですから、当然新田開発の勃興期に入ります。それからおよそ700年ほどの間に、日本の国中、隈無く開発時代が続きました。さらに近代に至っても第二次大戦時の食糧増産の時代を経て、昭和40年代まで新田開発の波は続きました。

　国土の活発な開発は、日本の河川の原型を造り、その後の経済・技術の急成長を武器に現代の河川が成立してきました。長期にわたった川と人との関わりの中で、「水防と治水の構図」が描かれました。

2．「水防」と「治水」―近代治水への道

　「水防」は、地域や個人が、水害に対して、どのように安全でありたいか、ということで、いわば地元の発想ということになります。一方、河川沿川の水防をもとに、どのようにしたら、全体の被害を最小にできるかを考えるのが「治水」で、為政者の発想といいかえることができます。この場合、洪水は自然現象ですが、水害は社会現象であるとの共通認識に立っています。

　昭和18年、静岡市街地の南、安倍川左岸の扇状地末端の水田に、飛行機のプロペラ製造を目的とした工場の建設が計画されました。

　この軍需工場の基礎工事を実施するに際し、盛り土用に周囲の土地を1.5メートルほど掘り下げたところ、木器、土器の破片が発見されました。戦時下のことで、杭の多くが薪に使われたり、いわんや発掘物の整理は行われませんでした。第二次大戦が終結したあとの昭和22年から、本格的な発掘調査が開始されました。これが登呂の遺跡です。

登呂の遺跡を代表例に、弥生式時代に導入されたといわれる水田稲作は、次第に高度な段階に進みます。古墳時代から律令時代には、水田稲作の定着期を迎えます。

　この時代になると、谷地や扇状地末端などの湧水を利用した水田稲作から、積極的に溜池を築造し、小河川の堰止めを行い、あるいは岩をくりぬいて導水するなど、利水技術の発展が顕著となりました。わが国最古の治水工事が行われたのは、利水技術が発展し、水田稲作の定着期であるこの時代とされています。

　水田稲作の普及は、全国的に統一した傾向を持ちません。大河川が集中する東北日本（フォッサマグナを境に東北日本、西南日本に分けると、東北日本に大河川が集中する）では、水田稲作の普及が河川の本流筋ではなく、むしろ支流を中心に進んでいます。一方、大きくない河川が集中する西南日本では、本流、支流とも水田開発が活発でありました。つまり、技術的にみれば、まだ大河川に直接手を施して、大規模な河川処理を必要としない範囲で開発が進んだ時代であるということができます。

　東北日本を中心に、わが国水田地帯の骨格を形成する大拡張期は、戦国時代から近世中期にかけての時代です。技術的に用排水路や溜池などの灌漑施設が高度になり、水利の管理や村落共同体などの発達も著しく、水利紛争の萌芽もみられます。こうした水利開発の進展にともなって、自主防災組織の「水防」が歩みだし、水利と合わさって「水共同体」を形成しました。

　主要部分の開発が終わり、残った広大な低湿地の開発を実行するのは近世中期からで、この開発には大規模な河川処理が必要でした。平野部で合流する河川を分離することで大洪水を分散したり、新しい河道を開削して洪水を分流させる発想が現れ、北上川、利根川、木曽川、淀川などで実現しました。多くの河川で、連続して堤防が、所々に遊水地を併設させながら築造されました。

　近世になって河川処理が大規模化しましたが、その目的は治水だけではありません。治水の目的を超えて、舟運路の確保、安定化が重要な目的でありました。

　大規模な河川処理は、かならず大規模な開発を可能にしていました。たとえば北上川では、下流仙北平野で迫川、江合・鳴瀬川を北上川に合流させる

という特異な河川処理を行いました。他の河川では分流が基本であるのに、北上川だけが洪水氾濫を増長させる合流という方法をとったのです。この方法の背景には舟運があります。

明治政府が出発してから、全国的に治水事業が活発になり、明治29年の河川法制定により近代治水がはじまります。「治水と水防の構図」が成立したのです。

この頃から、輸送交通手段の主役であった舟運が衰退し河川風景が一変しました。

明治29年の河川法の制定により、洪水対応の河川工事にも国庫負担が受けられるようになりました。各地で、認定河川の運動が展開され、開設された国会の議論にも地元選出の議員が、高々と治水期成の声をあげたのです。

この時期に治水工事が実施された河川のほとんどは、治水上の課題が明瞭になっていました。すでに江戸時代から治水の構想として、幾度となく検討、思案されてきたものでありました。いわば長年の宿願が存在していて、その達成へ強い要請を促したのです。利根川を除いて、ほとんどの河川で、治水工事の目的が明確でした。その意味では、江戸時代からの治水方式の継承、延長線上にあり、近代治水といえども治水思想の変遷という視点からは連続性を認めることができます。

とはいえ、近代土木の急速な導入期であったため、従来の思想とやや趣を異にした一面もありました。

すなわち、従来の治水に変わって、欧米の合理主義的方向が芽ばえはじめ、しかも、急速に進展したのです。抜本的治水方法を持たずに時代を迎えた利根川や常願寺川などの河川では、この近代的治水に対する批判が現れました。たとえば、利根川における尾高惇忠や常願寺川の西師意など、民間の治水論者が論陣を張ります。彼らは共通して漢学の素養を持ち、中国の治水思想の影響を強く受けていました。河川の自然の理にさからうことを極端に避け、治水施設と土地利用との有機的な結びつけを主張し、連続した高堤防への批判を強く打ち出したのです。

明治40年、東京電灯が相模川上流桂川に駒橋発電所を建設し、75キロメートルの長距離送電に成功してから、水力開発は渇水期流量の豊かな、発電にとって有利な地点を選択できるようになり、急速に進展しました。そして、

大正14年以降は、調整池（人造湖）を建設して水力開発を行う方向が現れました。

　一方、大都市への人口集中と産業の発展は、都市用水の需要を急増させました。

　これらの新規水利用者は、既設の農業用水利用者と競合します。わが国の河川では、農業用水が渇水期流量まで開発されているのが一般的です。いいかえれば、安定して取水できる川の水は農業用水として開発しつくされているということになります。そのため新規水需要者が河川から取水しようとすれば、当然、農業用水の水がおびやかされることとなります。

　そこで農業用水利用者は、新規水需要者の取水に反対します。新規水需要者は新たにダムなどの水源施設を造って、余水を貯留して利用しなければならなくなります。ところが、ダムなどの水源施設を水需要者ごとに建設していたのでは経済的ではありません。

　大正末期、ダムによる洪水調節の発想が物部長穂により提唱され、鬼怒川の五十里ダムの建設が開始されました。このダムは、地質上の悪条件に悩まされ、昭和8年に中止となります。

　このころ欧米各国で、洪水調節を含む多目的ダムの建設計画が推進され、アメリカのミシシッピ支流テネシー川には、TVA（テネシー川総合開発機構）による建設が開始されました。五十里ダムは中止されたものの、欧米のダムを中心とする河川開発技術の水準が高まるにつれ、わが国でも新規水需要の増大におされて総合開発の機運が熟してきました。

3．現代「治水」の課題

　第二次大戦後の治水の歴史でもっとも特徴的な現象の一つは、水防と治水の構図が分離したことです。治水は、計画者あるいは為政者、行政者が、河川をどのように扱うかという立場のものであり、水防は、地域や個人がどのように被害を少なくするかという立場で発想するものです。両岸で堤防の強化を競い合ったり、対岸の破堤に喝采を叫んだり、氾濫した水をめぐって激しい血の雨をふらすといった記録も多いのです。極端であるかもしれませんが、水防の性格を端的に表しているということができます。

　そうした水防の矛盾をできるだけ解消するために、治水が進められてきた

ともいえます。治水が進展するにつれ、次第に極端な矛盾が解消され、地域的対立が日常的に意識されることは稀れになってきました。治水の大きな成果です。

しかし、一方で、水防の意識が失われてきたことは、地域の自発的自己防衛であった「水防」の思想が影をひそめ、地域や個人を守る手段は、すべて「治水」に委ねてしまっています。

ところで、水防がなくなると、どのようなことになるのでしょうか。少なくとも次のような点を指摘することはできます。

第一に、住民が河川から遠ざかり、河川を見る眼がなくなってしまいます。施設や数字の安全性にのみ依存してしまい、洪水時の個々人の対応も困難になります。いいかえれば、河川と人間との関係で無防備な住民が大半を占めるようになったのです。

第二に、そのため、安全を他人まかせにする姿勢が強く、かつ水害を治水対策に押しつけるというような、短絡的な発想が普及します。

第三に、水害の選択がなくなります。道路の冠水程度から、家の流失、人命の危機に至るまでを一様に水害としてとりあげ、その防止を行政に要請するようになったのです。

水防が消滅するに従い、水害への許容度が低下し、河川を当面の機能でしか判断できなくなり、無防備な自治体や住民が増大することとなったのです。

「治水」は「水防」があって成立します。どの地域を、どのようなとき、どのように守りたいかという前提をもとに、流域全体からみてもっとも被害の少ない方法を選択する。これが「治水」と「水防」の関係であり、本来、一方だけが、存在するわけにはいかないのです。

濃尾平野の歴史

NPO法人木曽三川環境保全機構顧問（元長島町長）　平野　久克

1. はじめに

　濃尾平野の下流部は我が国最大の海抜ゼロメートル地帯となっており、濃尾平野西部は、洪積世には伊勢湾が奥深くまで進入しており、木曽三川等の河川により沖積世に広大な平野が形成されました。このため低湿地が海岸部から数10kmも広がり、人類が農耕（特に米作）を行うに最も適した地が形成されたことになります。木曽三川下流部に見られるような低湿地にある集落と農地とを含む囲堤を持ち、水防組織体を作って外水や内水を統制する治水共同体またはその存在を輪中といいます。その生活は水とのかかわりが深く、水を利用し水と共に生きることであり、昔から先人はいろいろな知恵と工夫を用いて、人の輪を持って生活してきました。これを次のように見ていきたいと思います。

2. 輪中の成立

　低湿地の中の微高地に居住すると、農耕に適し、豊かな生活が約束されますが、少しの川の増水が度々の水災となります。そのため居住地及び耕作地を取り囲むように堤防を構築し、生命と財産を守ろうとします。完全な囲堤は、取水にも排水にも不便なため、下流部分には堤防を作らない馬蹄形状の堤防が出現することになります。初期の段階での堤防高の記録はありませんが、2～3mほどと推定されます。堤防構築の初期の段階においては、外水（木曽・長良・揖斐）の浸入を防ぐ事を目的としますが、同時に農耕及び日常生活において水は不可欠のものであり、その水を容易に手に入れることができるため、敢えて囲堤を形成させずに、南（下流部分）に堤防を設けない尻無し堤或いは築捨て堤と呼ばれる「馬蹄形」の堤防が作られました。いわゆる自然排水によって堤内の排水を行っていたといわれています。

　このように、堤防の決壊等による大規模な水災がなく、自然排水による堤内での生活の営みが続くと、濃尾平野の沈み込み現象や地震等による沈下現象によって、必然的に堤内地面高と河川水位の間に逆転現象が起こります。

また堆積作用の激しい木曽三川は年々膨大な量の土砂を堆積させ、川床が高くなるだけでなく、数多くの中州を形成し、川の流れを阻害して流れを緩やかにし、水位を上昇させます。つまり川の水位が堤内の地面よりも高くなるといういわゆる天井川化が始まります。そのため唯一の排水方法である高低差を利用し敢えて囲堤にしな

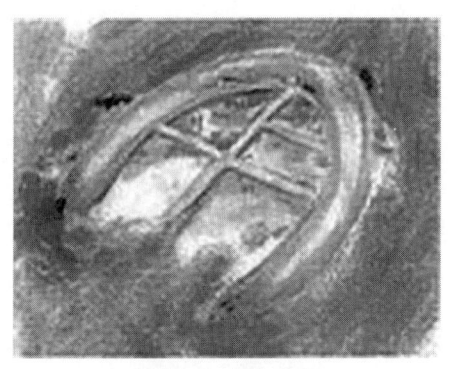

図表1-8　尻無し堤

かった輪中地形を利用した排水方法が破綻をきたすことになります。下流から逆流して入ってくる水に対しては、馬蹄形の開いた堤を閉めるしかなく、いわば懸け回し堤として農耕地に対して連続した堤防が築かれることになります。連続堤（懸け回し堤）が築かれると堤内に入る水は、自然には排水できなくなります。

　このように、輪中にとって排水の問題は、そこで生活を維持していく上での最も大きな問題でもあり、現在とは全ての面で価値観や死生観の違う時代では、堤防の決壊による一時的な被害より、長期湛水での不作のほうがはるかにダメージが大きく、争いの最も大きな原因にもなりました。

３．水防の共同体

　このように水管理の重要さは輪中に住むものにとっては、生活上不可欠なものであり、水と戦うというイメージで輪中を捉えがちになりますが、むしろ水とも共存を如何に図るかによって生計を成り立たせてきたのです。そのため、嘉永5年（1852年）墨俣輪中の「輪中組合村々締書」には、堤の六合目より水番が見回りを始め、七合目になれば村役人までも、頻繁に見廻り、同時に家財道具の取り片付けを行い、八合目になれば15歳以上から60歳までの男子は全員堤防に駆けつけるなどを細かく規定しています。このことは各輪中で同じように行われたようですが、長島輪中に於いても昭和34年の伊勢湾台風前後まで（水防法の成立に関わって）水番は、実際に行われており、古老の話では理由の如何によらず水番を欠席する場合は、所属する集落の各

戸に酒や食事を振る舞わなければならず、そのための費用も農家にとっては、少ないものではありませんでした。

　また、いざ決壊間近かとなると、いわゆる堤防が膿むという状態になり、堤防の決壊箇所めがけて米俵を投げ込んだり、（低湿地帯の長島では土は貴重であるため、農家の最も大切な米さえも堤防の修復に使われたといわれている）決死隊という名のもと若者が川の中へ飛び込み堤防の修復にあたったといわれています。（長島輪中では明治29年の大洪水以来伊勢湾台風を除いて150年以上も堤防の決壊はありません。）

４．長島輪中の生活

　木曽三川下流に立地する輪中地域では輪中内が微妙に東高西低であることから上質の水が確保されたのです。そして砂地で、石の混じらない土地においては、農耕においては最適の地であるということになります。

　また、出水（洪水）、堤防の決壊がもたらすものは、土砂の流入であり、住民にとっては「土一升は米一升」といわれるほど貴重な土砂が手に入る最も好機です。命が守られれば、耕作ができるようになると豊作が約束される地域です。このため水さえひけば、即作業に取り掛かり、新たに入り込んだ土砂を利用したのです。

　輪中内では集落は堤防上に立地しますが、水防および生産性の拡大から輪中は隣接する輪中と複合体を形成していきます。合体複合化することにより、木曽三川は大川と呼ばれるようになり、大きな堤防が作られました。このため、集落が立地していた堤防は旧堤となり、取り残され水災時にはそれまで、家屋に浸水することはあまりありませんでしたが、長期間浸水し続けるということになりました。このため多くの旧堤上の家では大川から個人で浚渫した土砂を敷地内に盛り上げ、長期の浸水時の避難場所としました。

輪中地域では土壌は砂質である

図表1-9　水屋

ため、湿気の多さも相まって樹木の生育が見られません。そこで、敷地内の避難のために築上げられた場所に木を植えました。大量の樹木を生育させることで防風林や屋敷林として活用しました。

その上、水災時の避難場所に仮小屋を建てることにより収穫物の収納と長期間の避難生活に対応できる場所となりました。これが「水屋」と呼ばれる輪中の特徴的な住居形態で、江戸時代から近年まで続いてきました。

5．現在の輪中

現在でも長島は長島輪中です。平成16年に桑名市、多度町と合併し、桑名市となりました。この合併により、江戸時代から続く長島の自治は終了しました。昭和の合併では輪中どうしの合併であったため、それぞれの旧村が反発しながら、融合していきました。平成の合併では輪中外との合併であるので、水とのかかわりについての考え方もそれまでの歴史や風土も全く違うため、現在では急速に共同体としての長島輪中は崩壊し始めていますが、水と戦うというのではなく、むしろ水と共存を図る水防の共同体意識については今後も引き続き受け継いでゆきたいと思います。

佐賀平野の治水の歴史

佐賀大学名誉教授　荒牧　軍治

　米欧12ヶ国を歴訪した岩倉使節団の正式報告書「米欧回覧実記」を記した佐賀藩出身の漢学者久米邦武は、嘉瀬川の石井樋公園に建つ「成富君水功之碑」に「関原の師やみ還りて曰く『乱已に定まりぬ。富国の道専ら講ずべきなり』」と記しました。関ヶ原の戦で徳川政権の基盤が確立し、戦乱の世が終わることを見通した成富兵庫茂安は、初代藩主鍋島勝茂に、「水を治める」ことで富国の道を目指すべきだと進言し、自ら先頭に立って治水家の道を歩み始めます。

　佐賀平野の東部を流れる筑後川は、一晩で流れを変えるため「一夜川」の異名を持つ暴れ川で、洪水のたびに氾濫を繰り返し、佐賀城下が直撃される恐れもありました。佐賀平野の北に東西に延びる背振山系から流れる河川には堤防らしいものは無く、洪水のたびに平野を乱流していました。干満差が６ｍを越す有明海に面して広がる佐賀平野は、常に潮の害の危険にさらされますが、阿蘇火山灰を含む軟弱な海成粘土層はミネラル分を多く含み、水と肥料を供給できれば肥沃な水田に変換する可能性を秘めていました。

　どの武将もそうであったように、茂安の「治水」は多目的です。戦乱の世が終わったとは言え、戦が起こる可能性はまだ残っていました。事実、関ヶ原から14年後には大坂の陣が、37年後には島原の乱が起こっていますので、佐賀藩にとって防衛としての水システムが最優先であったことは間違いありません。

　茂安は、安定した生産基盤を作るために、まず暴れ川である筑後川や、佐賀平野を勝手気ままに流れる中小河川、有明海の大きな干満のために平野内にまで昇ってくる潮水などの「荒ぶる水・やっかいな水」をおとなしくさせる「治水事業」から事業を始めます。一方、佐賀平野には条里制時代、荘園時代の水田と水路が散在し、耕作されていない葦原湿地と干拓可能な広大な干潟が拡がっていました。この佐賀平野全体に、水を抜く排水、水を届ける配水、用水を確保する貯水の役割を持つ秩序ある堀（水路）を網目状に巡らします。山麓に設けた「ため池」からの水、山地から平野に流れ下る中小河

川に設けた堰と用水路で引いてきた水、さらに有明海の大きな干満によって潮水の上にのった淡水（あお）を水門で確保した水を網目状の水路に貯えて農業用水、都市用水として利用します。これらの水路網は、当時の輸送の中心であった舟運にも利用できるものでなければなりません。このように、茂安が構築した水システムは、「防衛、治水、利水、舟運を考慮した総合水システム」の構築を目指したものでした。今回は、治水防災の視点に絞って佐賀平野の歴史を考えることにします。

千栗（ちりく）土居

佐賀平野の東部を流れる筑後川は、阿蘇・九重を水源とし、日田の夜明で筑後平野に出たあと、平野部の低い所を下って有明海に流れ出る九州で一番大きな河川です。1年間に38億トンもの水を流出する筑後川は、当時の技術力では制御不能な暴れ川です。洪水時には筑後川の水がこれから城づくりを行おうとしている佐賀の中心部を直撃する危険がありました。茂安は、寛永年間（1624年～1645年）に12年の歳月をかけて、筑後川が佐賀藩境に最初に接する千栗から12km下流の坂口まで、高さ4間（7.2m）、堤敷合計30間（54m）の本格的な河川堤防・千栗土居を構築します。堤防心には粘土を突き固めたハガネを埋め込み、川表には根固めのための竹林を、川裏には防災作業材として杉を植えて、洪水時に備えています。千栗土居を築堤するに当たり、茂安は筑後川の

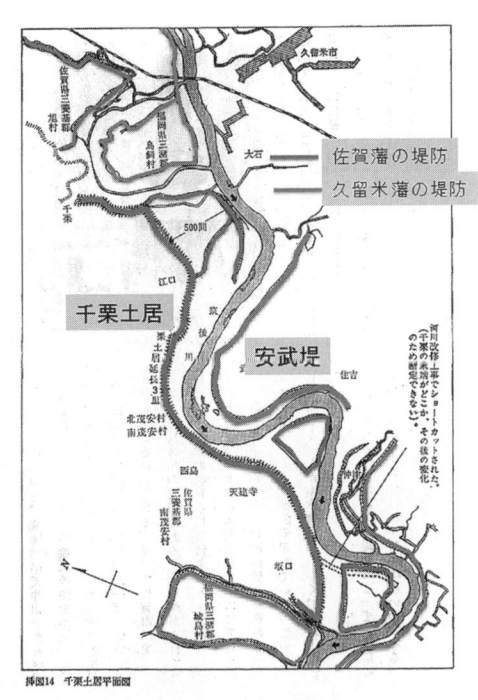

図表1-10　千栗土居平面図

江口著「佐賀平野の水と土」より

低水路より佐賀藩側に500間ほど引いて築きます。そのことにより500石の土地を川中に残すことになりますが、洪水時の遊水地を佐賀藩領に設けて水勢を弱めようとしたのです。その地に輪中堤が設けられた図面が残されていますが、どの時代に築かれたかは不明です。「千栗土居の築堤以前は、洪水流の6、7割は肥前領に流れていたものが3、4割に減少したことで久留米藩領の患いが増えた」との文書が残されているので、千栗土居は久留米藩にとってはやっかいな存在だったと思われます。

　久留米藩は千栗土居と同時期に安武土居を建設して対抗しますが、千栗土居に対抗するものにはなり得なかったばかりか、下流域の水害を増加させる結果になったようです。正保4年（1648年）久留米藩の普請奉行に就任した丹羽頼母は27年間その任を務め、多くの箇所で荒籠、堤防などを用いて千栗土居に対抗していきます。それ以来、両藩は改修、工事の度に対立を繰り返したため寛政4年（1792年）には幕府の仲裁を受けるまでになっています。

嘉瀬川の治水

　筑後川は対岸が他藩領のため千栗土居のような強固な堤防を築くことができますが、同じ藩内を流れる嘉瀬川では一方の側に洪水を押し付けるわけにはいきません。茂安は、武田信玄や加藤清正等と同様の柔軟な手法を用います。

　嘉瀬川は背振山系を水源とし、山麓部出口で扇状地を形成したあと、佐賀平野を流下して有明海に至る川です。それ程水量の多い川ではありませんが佐賀平野内の最大の河川ですから「佐賀の宝川」と呼ばれてきまし

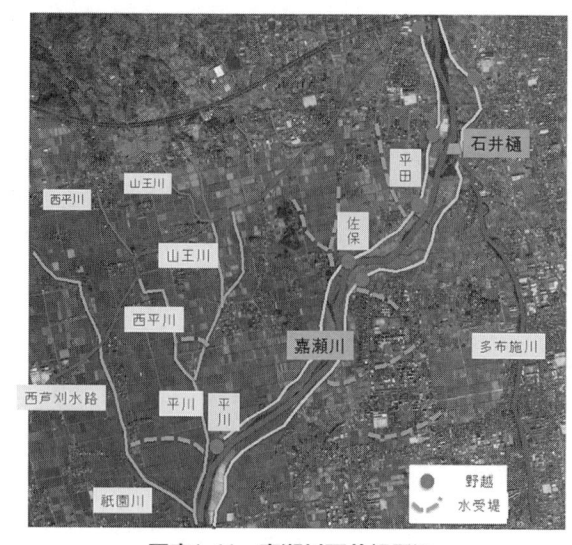

図表1-11　嘉瀬川石井樋周辺

た。茂安は、この扇状地に「石井樋」と呼ばれる取水システムを設け、多布施川（左岸）と西芦刈水路（右岸）2つの用水路で、左岸右岸に農業用水及び生活用水を配水しました。

図表1-12　改修された石井樋

　取水施設「石井樋」は、佐賀藩にとって最も重要な取水施設ですから、その機能を損なうことはできません。この施設群を機能不全に陥れるものは、洪水時の水の力と大量に流れ降りてくるマサ土の2つです。取水施設ですから渇水期の水を導くために幅の狭い内土居を設けますが、その外側に設けた本土居の幅は思いっきり広くとります。嘉瀬川下流には100mの河川幅の所があるのに、石井樋付近では400mの川幅を確保しているのです。内土居と本土居の間には竹を植えて洪水流を減速させ、河川内遊水地に導きます。「走り下ってきた水」を「歩かせる」作戦です。さらに大井手堰の

図表1-13　現在も城原川に遺る野越

図表1-14　平野内の水受堤（控堤）

上流の堤防に3つの野越を設け、一定水位以上の洪水を平野に流して、石井樋施設群と本土居に過大な力がかからないようにしたのです。石井樋を守るために上流部に設けられた野越以外に、下流にも野越が設けられていたことを佐賀大学の研究者が昭和23年に撮影された米軍の航空写真を用いて明らかにしていますが、その役割は上流部のものとは異なります。

　有明海の潮は、嘉瀬川と祇園川が合流する地点まで上がってきます。大潮

の満潮時に洪水が発生すると嘉瀬川を流れ下ってきた水は行き場を失って越流し、平野に流れ込みます。嘉瀬川下流部の標高は2〜3mしかありませんから、被害は甚大なものになります。それを避けるため、茂安は、石井樋と祇園川合流部との間に4個の野越を設け、平野部に水受堤を設けて一定水位以上の洪水を平野に流したのです。溢れた水は標高の高い方へ流れますから、流速は遅くなります。ここでも水を「歩かせ」たのです。集落は水受堤の裏側に配置し、越流する洪水の直撃を避ける作戦です。また、右岸側の用水路である西芦刈水路の左岸側（南側）には堤防を設けますが、右岸側には堤防を設けていません。山からの水を遮断し、嘉瀬川右岸の水田を本川の越流水だけの遊水地にしたのです。流域全体で洪水を受け持つ「流域治水」の思想に基づいた手法です。

　同様の考えは、左岸側でも貫かれていますが、小河川が多数流れ込むため、さらにきめ細かく遊水地を配置し、洪水が一気に佐賀城下に流れ込むことを防いでいます。

　成富兵庫は、強く防ぐべき所は強固に、全体で受け持つところは柔軟に、硬軟を使い分けた治水を行いました。現在の我々は強固な技で守ろうとしがちですが、自分たちが設定したものを越える「想定外」の災害も起こりうることを想定して備えておく必要があります。想定した以上の洪水を広大な佐賀平野に野越で導いて流域全体で受け持つ計画を作ることができるか、次の世代に残された宿題です。

参考文献
1）「佐賀平野の水と土―成富兵庫の水利事業―」江口辰一郎著
　　新評社刊　昭和52年（1977年）刊

水との共生を選んだ越後平野の人々

NPO法人信濃川大河津資料館友の会　理事　樋口　勲

　年間流出量がともに我が国最大規模となる信濃川と阿賀野川が流れ込む越後平野。豊富な水と共に流れ出した大量の土砂は、冬季風浪や海流等の影響で標高約20mの海岸砂丘となり、平野周縁の標高が高いお盆のような形状をした越後平野を形成していきました。そのため排水性が悪く、低湿地帯が拡がり、平坦な平野部には流路を遮るものがなく、信濃川や阿賀野川などの諸河川は縦横に流路を変えて流れていました。江戸時代初期の越後平野の流路を描いた

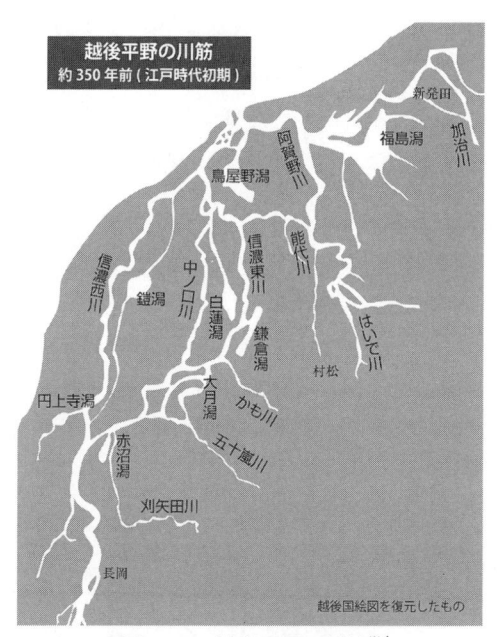

図表1-15　越後平野の川筋[1]

地図（図表1-15）からは、海岸部を砂丘に遮られ、行き場を失った諸河川が１箇所に集まり日本海へと流れ出していること、標高の低い場所に大小様々な潟があること、暴れ川であった信濃川の流路が頻繁に変わることから、信濃東川と信濃西川の２つの信濃川が描かれていることなどが確認できます。越後平野は信濃川等が氾濫しやすい上に、ひとたび溢れ出た水が溜水となり、なかなか引かないという特徴を有しており、人々はこの水を「こもり水」と呼び恐れました。明治29年（1896年）年に発生した大水害「横田切れ」の際は、溺死者数43人に対し、こもり水による劣悪な生活環境が原因とされる赤痢等の死者数は1,000人を超過しました。このような惨状を防ぎ自らの生活を守るために越後平野の人々は様々な工夫を生み出していきました。

⑴ 被害を軽減する遊水池

越後平野に多く点在した潟の
中には、水量を調節する遊水池
として、また、農業用水や飲料
水を安定供給するため池とし
て、あるいは淡水漁場の有益な
場所として活用された潟が多く
ありました。小さな潟は江戸時
代の新田開発により干拓されま
したが、大きな潟は遊水池効果
が大きく、「御封印野」として、
新田開発が禁じられる場合もあ
りました。

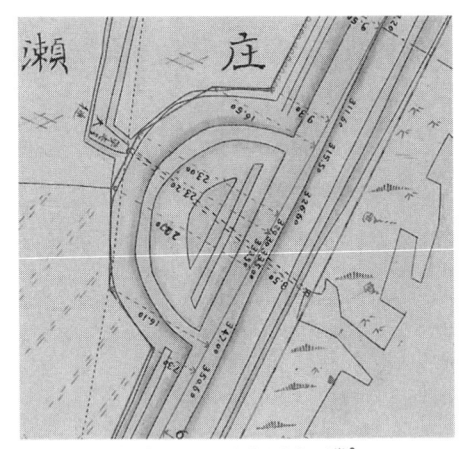

図表1-16　まわり土手[※2]

⑵ 堤防決壊を防ぐ自衛組織

　江戸時代、越後平野は小藩がせめぎ合うように統治されていたため、平野
を縦貫する信濃川や中ノ口川の総合的な治水が施せない状況にありました。
その結果、各藩は自領の堤防決壊を防ぐことに重要性を見い出し、堤防沿い
の村々に堤防防御の命を課せました。「洪水で堤が危険になってもそのまま
にし、破堤した場所の村役人は15日間の外出禁止、また、危険を放置して3
度破堤した場合は役職によって与えていた田畑や家屋敷を没収する。」「洪水
の際の応急工事などの場合、一々伺いを立てていては多くの者の迷惑になる
ので、藩の指示を待たずにすぐ工事をするように」……これらは水害常襲地
に多くの領地を抱えてきた新発田藩の通達です。連年の堤防決壊による修復
費用の増大や浸水被害による石高の減少が藩財政をひっ迫していたことが背
景にありました。一方で、藩政に頼らない治水や水防活動が育まれた側面も
あり、堤防決壊を防ぐための自衛組織が各地で活発に活動を展開しました。

⑶ 堤防決壊を防ぐ二重堤

　農業用水の供給源としては恵みの川でしたが、用水を川から引く際に堤防
に埋設する樋管は増水時に抜けやすく、結果として堤防決壊の大きな原因に

もなっていました。そこで、樋管
の周囲を半円形の土手で囲み、二
重堤とし、本堤を挟んだ両側の水
圧差を低減することで樋管を抜け
にくくし、堤防決壊のリスクを抑
制しました。水防工法の月の輪工
と類似したこの二重堤は、その形
状から「まわり土手」や「めがね
土手」と呼ばれ信濃川を中心に各
地に構築されました。

図表1-17　囲い土手

(4)　浸水を防ぐ囲い堤

　輪中堤に似た手法で村全体を土
手で囲い浸水をふせぐ「囲い土
手」も築かれました。明治期の越
後平野の地図には村ごとに囲い土
手が描かれており、土手の強化や
かさ上げは住民の日常的な水防活
動でした。

図表1-18　水倉

(5)　浸水被害を軽減する保管庫

　土盛りや石積みにより周囲より高くした場所に倉を建て、食料や衣類、貴
重品などを保管しておきました。また、堤防沿いの家では、堤防に腹付けの
土盛りをして倉を建てるケースもありました。このような倉は全国各地に見
られ、越後平野では「水倉」と呼ばれています。水倉の2階には浸水時の移
動手段とすべく舟が保管されていたり、水倉がない家でも、梁に食料や衣類
を吊るして浸水に備えたり、雨戸を外し梁に渡すことで屋根裏での避難生活
が行えるなど、水倉や屋根裏は一時的な避難所として機能していました。

(6)　リスクを分散する割地制度

　頻繁に発生する水害により毎年の収穫が十分に見込めない農地もあったこ

とから、集落が農地の所有者であると考え、農地全体を家屋数等で分割し、個人が耕作する農地を1年あるいは2年ごとにくじ引きで決めることが行われていました。割地と呼ばれるこの制度は、契約内容が曖昧であったり書面が残らないなどとして度々係争事になりましたが、水害リスクの分散による共倒れの防止として越後平野の各地で行われていました。

(7) 水害の伝承

　越後平野の水害が記された信濃川大河津分水誌第1集によれば、1620年から1922年までの約300年間に越後平野で発生した水害は106回を数え、水害頻度は1回／3年と算出されます。前述した様々な取組により水害の被害軽減が成されていきましたが、囲い土手や水倉でさえも浸水するような大水害も発生しました。「白髭水」「横田切れ」など固有の名称が付けられ後世に伝えられたほか、その惨状が口説きに歌われ各地に広がっていきました。

【宝暦の横田切れ口説き（抜粋）】

川の鳴る音天地に響く	二万石余は皆水腐り
国に一つの大川水を	田畑村々ただ一面に
直ぐに向けたる水勢なれば	海の面か湖上の上か
二百間にも及びし切れ所	中に窪地の村里等は
御料三根山村上新発田	軒の下まで浪打ちかけて
わけて大難長岡領の	鳰の巣を見るような景色
巻の組下曽根組かけて	

　かつての信濃川を描いた絵図には、鮭漁を営む人々の姿や、帆船が行き来う川港、その港に集う人々の姿が描かれています。また、水害と闘う苦しい生活の中から生まれた神楽舞や、堤防改修工事の祝い事が発端で生まれた川を挟んだ凧合戦など、平穏な信濃川を願いその恵みに感謝する神事や文化も多く遺されています。暴れ川の信濃川は、人々にとっては生活の一部であり、恵みの川であり、そこで暮らす人々の歴史そのものでもありました。これは信濃川に限ったことではありません。

　現代社会においては川の危険性ばかりがクローズアップされがちですが、私たちの体には川と共に生きてきたDNAが刻まれています。また、近年の

水害の激甚化や人々のライフスタイルの多様化は、私たちに新たな課題を突き付けていますが、高精度予測や新しいリスクマネジメントといった技術・知見は、それらの課題を乗り越え、私たちが再び川と向き合うきっかけを提供してくれます。

　川と共に生きてきた人々に脈々と受け継がれてきた「水防災意識社会」。それを「再構築」できるかどうかは私たち次第なのです。

※1　「信濃川大河津資料館展示図録」より引用
※2　信濃川下流河川事務所「明治34年の測量図」より引用

(2) 近年多発する豪雨災害と課題

　近年、雨の降り方が局地化、集中化、激甚化しており、これに伴い全国各地で大規模な水害・土砂災害が頻発しています。アメダスによる1時間降水量50mm以上の短時間強雨の年間発生回数を昭和51年以降の推移をみると、至近10年間の発生回数は約30年前の約1.4倍に増加し（口絵①、②参照）、日降水量100mm、200mm以上の発生回数も増加しています。

　地球温暖化に関する科学的知見で評価する学術的な機関のIPCC（気候変動に関する政府間パネル）が平成26年11月に公表した第五次評価報告書統合報告書によると（口絵③、④参照）、21世紀末までに、世界平均地上気温は0.3〜4.8℃上昇する可能性が高いことや、ほとんどの地域で極端な高温が増加することがほぼ確実であり、中緯度の陸域のほとんどで極端な降水がより強く、より頻繁となる可能性が非常に高いことが示されています。さらに北西太平洋において、強い台風の発生数、台風の最大強度、最大強度時の降水強度は現在と比較して増加する傾向があると予測されています。

　温室効果ガスの排出量が最大となる場合、20世紀末と比較した21世紀末の全国の主な河川で目標としている降雨量の変化倍率は約1.3倍、流量の変化倍率は約1.4倍、洪水の発生確率の変化倍率は約4倍と予測されています。（口絵⑤参照）

　現在、各河川において、河川毎に目標として定めた確率で発生する洪水（例えば毎年の発生確率が1/100の洪水）でも氾濫しないように河川整備が進められていますが、気候変動の影響により発生確率が上昇するため、各河川で想定している整備だけでは目標とする確率の洪水に対応することができず、追加の整備が必要となり、整備完了までの期間が延びることが想定されます。（口絵⑥参照）

　このように地球温暖化が進行していくことにより、今後、さらに水災害の頻発化・激甚化が懸念されるところですが、近年の全国的な激甚災害の発生状況をみるとその懸念はすでに顕在化しつつあると言えるのではないでしょうか。次節では、近年の豪雨災害の概要とその被害の特徴をまとめてみました。

平成27年関東・東北豪雨災害 （口絵⑦参照）

　平成27年９月関東・東北豪雨では、台風18号及び台風から変わった低気圧に向かって南から湿った空気が流れ込み、９月10日から11日にかけて、関東地方や東北地方において大量の降雨があり、栃木県日光市五十里観測所で24時間雨量が551mmを記録する等、多くの地点で24時間雨量が観測史上最多を記録しました。

　これに伴い、鬼怒川流域においても流域平均24時間雨量が観測史上最も多い410mm（速報値）を記録し、平方地点及び鬼怒川水海道地点において、観測史上最大の流量を記録しました。この洪水により、常総市三坂町地先で越水により堤防が決壊したほか、若宮戸地先等で溢水が発生し、常総市においては市の約1/3に相当する約40km²が浸水する他、堤防の決壊に伴い発生した氾濫流により、堤防近傍の多くの家屋が倒壊・流失しました。

　広範囲にわたる浸水等に加え、市町村からの避難勧告等が遅れたことや住民の主体的な避難が十分ではなかったことがあいまって、多くの住民が孤立し、約4,300人が救助される事態となりました。

　洪水時に、各地で水防活動が実施されましたが、多くの箇所で漏水・溢水・内水氾濫が生じたことに加え、避難の呼び掛けや誘導等も実施する必要があったことから、必ずしも全ての箇所で土のう積み等を実施することができたわけではありませんでした。

　常総市においては、多くの避難者が発生し、浸水の影響等により市内の避難場所への避難が困難になったことから、緊急的に隣接市と調整を行い、避難者の半数以上が市外の避難場所に避難することとなりました。また、堤防決壊後、全国から集めた最大51台の排水ポンプ車等による排水作業が24時間体制で行われまし

図表1-19　茨城県常総市の浸水状況
（平成27年９月）

たが、宅地及び公共施設の浸水を解消するまでに10日間を要しました。

水害の主な特徴

鬼怒川における水害の主な特徴は、以下に掲げるとおりです。

○住宅地を含む広範囲が長期間にわたり浸水したこと

○堤防の決壊に伴い発生した氾濫流により、堤防近傍の多くの家屋が倒壊・流失したこと

○避難勧告等の発令が遅れ、多数の孤立者が発生したこと

○必ずしも十分な土のう積み等の水防活動が実施できなかったこと

○市内の避難場所への避難が困難となったことにより避難者の半数以上が市外へ避難したこと

対応すべき課題

この鬼怒川の水害で発生した事象は、鬼怒川特有のものではなく、全国の主要な河川で同様に発生する可能性があり、また、今後も気候変動によって施設の能力を上回る洪水の発生頻度が高まることが予想されることを踏まえると、以下に掲げる課題に対応する対策を講じる必要がありました。

○家屋の倒壊等のおそれがある区域や浸水が長期に及ぶ区域等からの立ち退き避難

○市町村を越えた広域避難

○水防団員の減少や高齢化等が進行する中で、的確な水防活動の担保

○水害リスクを踏まえた土地利用の誘導や抑制等

○被害軽減を図るためのハード対策

平成28年北海道・東北地方の台風災害 （口絵⑧参照）

平成28年8月に相次いで発生した台風第7号、第9号、第11号はいずれも北海道に上陸し、台風第10号は強い勢力を保ったまま、太平洋側から岩手県に上陸しました。相次ぐ台風の影響による集中豪雨により、北海道・東北地方の各地で記録的な大雨をもたらし、北海道では、特に十勝川の右岸側の流域では総雨量が300㎜を超える大雨となるなど、8月の月降水量がアメダス観測値225地点中89地点で観測史上1位を記録し、道東の太平洋側の広い地

域では平年の2～4倍を超える降水量となりました。

　これに伴い、北海道では、一級水系の支川などの国管理区間において、4河川で堤防が決壊し5河川で氾濫が発生するとともに、道管理河川等においても5河川で堤防が決壊し、73河川で氾濫が発生するなど、死者3名、不明者2名、重軽傷者13名、住家の全壊30棟、半壊・一部損壊1,019棟、床上・床下浸水927棟など甚大な被害が発生しました。十勝地方に通じる国道を中心に落橋が相次ぎ、道央地方と道東地方が分断され一時十勝地方が孤立状態となりました。鉄道各線でも橋梁流出等により、道東を中心に路線網が寸断されました。また、農業被害は、被害面積38,927ha、被害額543億円となり、このうち、農作物の被害額が全体の約半分を占め、全国シェア83%のばれいしょや同92%の秋にんじんなどは全国の主要市場に品薄感が広がり、価格高騰を招くとともに、浸水による被害だけでなく、農地の土壌そのものが流出し、復旧に長期間を要するなど地域産業に多大な影響を与えました。

　東北地方では、県管理河川（岩手県、青森県、宮城県）において12水系20河川で浸水被害が発生し、岩手県では死者20名、不明者3名、重軽傷者4名、住家の全壊472棟、半壊・一部損壊2,359棟、床上・床下浸水1,466棟など甚大な被害が発生しました。岩手県では、洪水により、河川沿いの国道や主要地方道が寸断され、一時1,000名を超える住民が孤立状態になるなど、集落の分断が各地で発生する事態となった他、小本川では、多量の土砂や流木を含む洪水により河川沿いの狭隘な土地の大部分が浸水したことや記録的な集中豪雨による急激な水位上昇もあり、沿川の要配慮者利用施設において逃げ遅れによる被害が発生しました。

水害の主な特徴

　一連の台風による水害の主な特徴は、以下に掲げるとおりです。

　　○一級水系の支川や二級河川で、堤防決壊や溢水などに伴う甚大な被害が発生したこと
　　○中山間地域における河川特有

図表1-20　小本川の浸水被害の様子
（平成28年8月　台風10号）

の急激な水位上昇もあり、要配慮者利用施設において逃げ遅れによる甚大な人的被害が発生したこと

○鉄道や国道など地域の重要路線が分断され、物流にも影響を与えたほか、生活道路などローカル交通ネットワークの途絶が発生したこと

○農作物の産地が甚大な被害に見舞われたことにより、全国の主要市場への影響が発生したこと

対応すべき課題

○都道府県管理河川においても関係機関が連携したハード・ソフト対策

○適切な避難につながる平常時・出水時の情報提供・共有

○災害リスクに応じた適切な土地利用

○中小河川等の治水対策

○災害時の地方公共団体への支援

平成29年九州北部豪雨災害 （口絵⑨参照）

平成29年7月九州北部豪雨では、梅雨前線に向かって暖かく湿った空気が流れ込んだ影響等により、5日から6日にかけて線状降水帯が形成・維持され、ほぼ同じ場所に猛烈な雨が継続したことから、九州北部地方では記録的な降雨となりました。この豪雨では、福岡県朝倉市から大分県日田市北部の多くの観測所において観測史上1位の雨量を記録し、特に短時間に集中的に降る傾向が顕著であったため、12時間雨量では朝倉雨量観測所で511.5㎜、日田雨量観測所で329.5㎜、鶴河内雨量観測所で532㎜などの雨量を記録、5日から7日の累加雨量は北小路公民館で894㎜を記録するなど、平成24年7月の九州北部豪雨を大きく上回りました。

これに伴い、筑後川の支川小石原川から花月川までの右岸流域では集中的な降雨による多発的な斜面崩壊により洪水が大量の土砂や流木とともに流下したことで、土砂による河道の埋塞や橋梁への流木の集積による河道の閉塞が発生し、洪水が土砂や流木とともに氾濫したことにより、福岡県と大分県で死者・行方不明41名、住家の全壊197戸、半壊102戸、床上浸水1,195戸、床下浸水1,378戸など甚大な被害が発生しました。また、国道211号やJR久大本線など、幹線道路や鉄道の被災、多数の橋梁流出等により交通ネット

ワークが分断され、社会・経済に深刻な影響を与えました。

水害の主な特徴

　九州北部豪雨による水害の主な特徴は、以下に掲げるとおりです。

図表1-21　土砂・流木を伴う洪水による被災（筑後川水系赤谷川）

　　○山地部における中小河川で、斜面崩壊や土石流が発生し、土砂災害による直接的な被害が発生したこと

　　○洪水が大量の土砂や流木とともに流下したことで河道埋塞や橋梁部の河道閉塞が発生したこと

　　○これらと相まって、洪水が土砂と流木とともに氾濫したことにより家屋の倒壊や人的被害が拡大したこと

　　○山地部における中小河川では水位計や河川監視カメラなどによる河川の状況をリアルタイムに把握する手段がなく、住民への水位情報等の提供ができなかったこと

対応すべき課題

　　○土砂災害が発生する危険性の高い地域での土砂や流木の流出対策

　　○中小河川における住民避難等へ活用するための河川水位等の情報把握

　　○今後も局地的な集中豪雨が頻発することが懸念されることから、度重なる浸水対策

第2節　水防災意識社会の再構築の取組

(1)　水防災意識社会の再構築ビジョン

水防災意識社会再構築ビジョンの概要（口絵⑩～⑬参照）

　平成27年9月の関東・東北豪雨災害を踏まえ、さらに今後、気候変動の影響により、このような施設の能力を上回る洪水の発生頻度が高まることが懸念されることから、国土交通大臣から社会資本整備審議会に対して、施設能力を上回る洪水時における氾濫による災害リスク及び被害軽減を考慮した治水対策は如何にあるべきかについて諮問し、平成27年12月10日に「大規模氾濫に対する減災のための治水対策のあり方について～社会意識の変革による「水防災意識社会」の再構築に向けて～」が答申されました。

　この答申では河川管理者等はもとより、行政や住民、企業等の各主体が、「施設の能力には限界があり、施設では防ぎきれない大洪水は必ず発生するもの」へと意識を変革し、氾濫が発生することを前提として社会全体で洪水氾濫に備える必要があるとされています。

　国土交通省では、この答申を踏まえ「水防災意識社会」を再構築するための取組として、平成27年12月11日「水防災意識社会　再構築ビジョン」を公表しました。

　「水防災意識社会　再構築ビジョン」は、全国の全ての国管理河川109水系とその沿川730市町村

水防災意識社会 再構築ビジョン

・行政や住民等の各主体が、「施設の能力には限界があり、施設では防ぎ切れない大洪水は必ず発生するもの」へと意識を変革し、社会全体で洪水氾濫に備える。
・各地域において、河川管理者・都道府県・市町村等からなる協議会等を設置して、ハード・ソフト対策を一体的・計画的に推進する。

洪水氾濫による被害を軽減する	住民等の避難行動を支援する	＜住民目線のソフト対策＞
		○住民等の行動につながるリスク情報の周知 ・立ち退き避難が必要な家屋倒壊等氾濫想定区域等の公表 ・住民のとるべき行動を分かりやすく示したハザードマップ等の改良 等
		○事前の行動計画作成、訓練の促進 ・タイムラインの策定 等
		○避難行動のきっかけとなる情報をリアルタイムで提供 ・スマホ等によるプッシュ型の洪水予報等の提供 等
	避難のための時間を稼ぐ	＜危機管理型ハード対策＞
		越水等が発生した場合でも決壊までの時間を少しでも引き延ばすよう堤防構造を工夫する対策の推進
洪水氾濫の頻度を減らす	施設の能力を高める	＜洪水氾濫を未然に防ぐ対策＞
		優先的に整備が必要な区間における堤防のかさ上げや浸透対策などを推進

図表1-22

において、各地域に河川管理者・都道府県・市町村等からなる協議会を新たに設置して、「洪水氾濫を未然に防ぐ対策」、「危機管理型ハード対策」、「住民目線のソフト対策」などのハード・ソフト対策を一体的・計画的に推進するものです。

　協議会では、現状の水害リスク情報や取組状況を共有し、概ね5年間で達成すべき減災のための目標を定め、各構成員それぞれ又は連携して実施する、避難、水防、排水等の具体な取組内容を「地域の取組方針」としてとりまとめ、毎年、取組の実施状況等をフォローアップしながら地域が一体となって水防災意識社会の実現を目指して取組を進めています。

　なお、これらの取組は、国管理河川で先行して進めましたが、平成28年からは都道府県等が管理する中小河川へ拡大して取組を進めています。さらに、当該協議会の取組は、後述の平成29年の水防法等の一部改正により、「大規模氾濫減災協議会」として法定化されました。

　「水防災意識社会　再構築ビジョン」に基づく具体的な施策の内容については、次項でご紹介します。

1）住民目線のソフト対策
① 水害リスク情報の周知

家屋倒壊等氾濫想定区域の公表（口絵⑭参照）

　平成27年の関東・東北豪雨災害の鬼怒川において、堤防決壊に伴う氾濫流により家屋が倒壊・流失したことを踏まえ、国土交通省では、想定最大規模の洪水により家屋が倒壊・流失するおそれがある家屋倒壊等氾濫想定区域の公表を進めています。国管理河川については、既に全109水系の家屋倒壊等氾濫想定区域を公表しています。

図表1-23　堤防決壊により家屋が流出した状況	図表1-24　河岸侵食により家屋が流失した状況

　家屋倒壊等氾濫想定区域は、堤防決壊に伴う激しい流れによる家屋の流失、浸水に伴い家屋にかかる力が増大して生じる倒壊といった洪水の氾濫流による流体力の作用によるものと、河岸侵食に伴う家屋の基礎を支える地盤の流失といった洪水時の河岸侵食の2つの手法で評価し区域を設定することとしています。

　市町村においては、住民等の避難が早期かつ確実に行えるよう「早期の立退き避難が必要な区域」を示した洪水ハザードマップを作成することとなりますが、その際に家屋倒壊等氾濫想定区域の情報等を活用することになります。

　なお、家屋倒壊等氾濫想定区域の設定は、直接基礎の標準的な木造家屋を想定するなどの一定の仮定の下で算出しており、区域の境界は厳密でないことに十分に留意する必要があります。例えば、氾濫流による家屋倒壊等氾濫想定区域に頑強な高層のビルがある場合には、倒壊等のおそれは低いため、

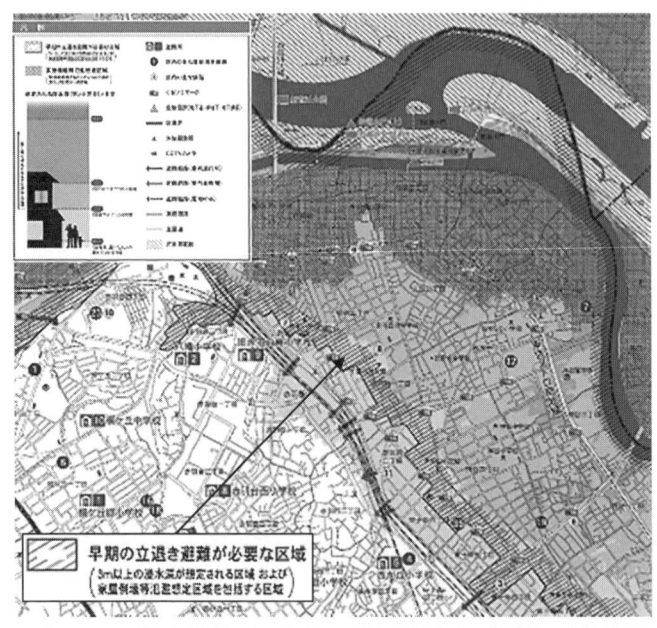

図表1-25　家屋倒壊等氾濫想定区域等を活用して早期の立退き避難が必要な区域を表示した洪水ハザードマップの例（東京都北区）

ただちに立ち退き避難が必要との判断にはならない場合もあります。

わかりやすい水害ハザードマップへの改良

　平成27年の水防法改正により、国、都道府県又は市町村は想定し得る最大規模の降雨による洪水浸水想定区域等を指定することとなり、市町村はそのような洪水浸水想定区域等に避難場所等の情報をあわせて、水害ハザードマップとして住

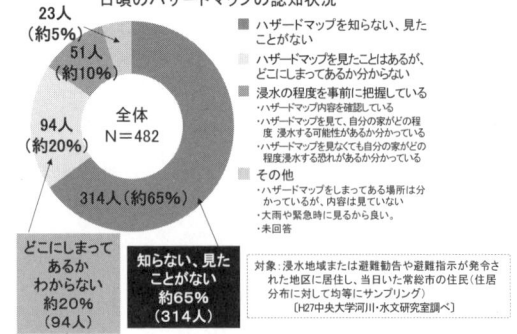

●平成27年関東・東北豪雨に関するアンケート調査
災害発生時にハザードマップを見なかった人の日頃のハザードマップの認知状況

23人（約5%）
51人（約10%）
94人（約20%）
314人（約65%）
全体 N＝482

■ ハザードマップを知らない、見たことがない
■ ハザードマップを見たことはあるが、どこにしまってあるか分からない
■ 浸水の程度を事前に把握している
・ハザードマップ内容を確認している
・ハザードマップを見て、自分の家がどの程度浸水する可能性があるか分かっている
・ハザードマップを見なくても自分の家がどの程度浸水する恐れがあるか分かっている
■ その他
・ハザードマップをしまってある場所は分かっているが、内容は見ていない
・大雨や緊急時に見るから良い。
・未回答

どこにしまってあるかわからない約20%（94人）

知らない、見たことがない約65%（314人）

対象：浸水地域または避難勧告や避難指示が発令された地区に居住し、当日いた常総市の住民（住居分布に対して均等にサンプリング）〔H27中央大学河川・水文研究室調べ〕

水害ハザードマップ検討委員会（第2回）資料より

図表1-26

民等に周知することとなりました。

　また、平成27年９月関東・東北豪雨において、氾濫域に取り残された多数の住民が救助されるなど、ハザードマップが作成、配布されていても見ていなかったという状況等、住民の避難行動に活用されていなかったという状況も見られました。

　このようなことから、水害時において住民等がより適切に避難行動を行えるよう、水害ハザードマップを住民目線に立ったものとするために、国土交通省では、平成28年４月に「水害ハザードマップ作成の手引き」を改定しました。改定のポイントは、以下の通りです。

➤ 水害時に屋内安全確保（垂直避難）では命を守りきれない区域が存在するため、市町村において「早期の立退き避難が必要な区域」を設定するよう記載
➤ 地域により発生する水害の要因やタイミング、頻度、組み合わせは様々に異なることから、市町村において事前に「地域における水害特性、社会特性」を十分に分析することを推奨
➤ 住民目線となるよう、「災害発生前にしっかり勉強する場面」、「災害時に緊急的に確認する場面」を想定して水害ハザードマップを作成

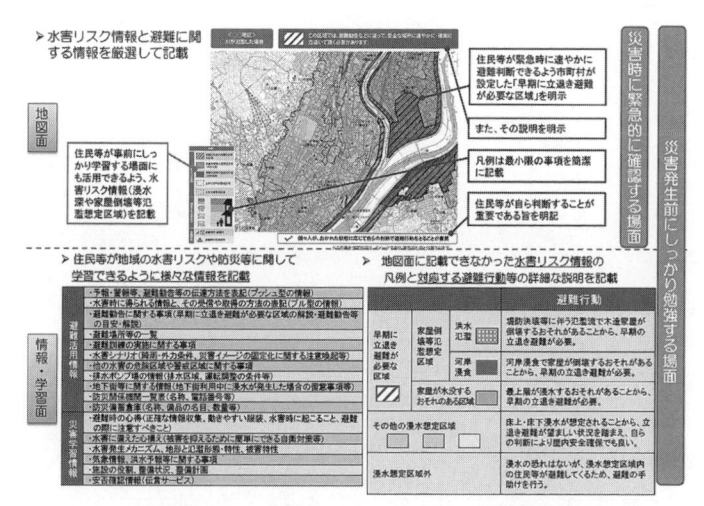

図表1-27　水害ハザードマップの構成概要

特に、市町村がこの手引きを参考に、地域の水害特性・社会特性をしっかり把握・分析するプロセスそのものが重要であり、その結果を住民等にわかりやすく伝わるよう水害ハザードマップに反映することが必要であることから、その旨を手引きに明記しています。

　また、水害ハザードマップは、様々な機会を捉えて活用し、理解の促進・徹底を図ることが重要であり、自治会単位等での水害ハザードマップやマイ防災マップなどの作成といった「住民等が自ら手を動かす取組」を積極的に行うことが重要であることから、このような取組が推進されるよう、住民自らが避難計画を考えるワークショップ、防災教育・学習、避難訓練等の利活用における取組事例を「水害ハザードマップ作成の手引き」にとりまとめています。

不動産関連事業者への水害リスク等の説明会

　水害リスクを踏まえた土地利用を推進するため、水害リスクも認識した上での不動産売買の普及に向けた取組として、不動産関連事業者への説明会を実施することとしました。

　平成28年2月を皮切りに、不動産関連事業者の団体等に対して、想定最大

年月	概要
平成28年2月、6月	不動産関連事業者の団体に水害リスク情報等の説明を実施
平成28年8月～9月	不動産業関連制度の改正説明会（全国10ブロック）に合わせ水害リスク情報等の説明を実施
平成28年11月	不動産関連事業者の団体による研修会で水害リスク情報等の説明を実施
平成28年11月	不動産関連事業者の団体による不動産業関連制度の説明会で、水害リスク情報等の説明を実施
平成29年6月～7月	不動産関連事業者の団体に水防法改正の説明と合わせ水害リスク情報等の説明を実施
平成29年8月	不動産関連事業者の団体に宅建業法改正の説明会で、水防法改正と水害リスク情報等の説明を実施

図表1-28　不動産関連事業者への説明会実施一覧

規模降雨による洪水浸水想定区域、洪水時に家屋が倒壊・流失するおそれがある家屋倒壊等氾濫想定区域等の水害リスク情報や、災害全般に係るリスク情報を確認できる「ハザードマップポータルサイト」についての説明をしてきています。

　また、不動産関連事業者の団体のホームページに、ハザードマップポータルサイトのリンクを貼っていただくことにより、会員や顧客に対し水害リスク情報等の周知を図っているところです。

　さらに、不動産関連事業者の団体が各地方ブロックや各県等で開催する説明会や研修等においても、水害リスク情報等に関する説明の機会をいただけるよう調整しており、これらの取組を継続的に実施していくこととしています。

要配慮者利用施設の避難確保

「要配慮者利用施設の管理者向け説明会の実施」

　平成25年の水防法改正において、洪水浸水想定区域内にあり、市町村地域防災計画に定められた要配慮者利用施設は、避難確保計画を作成し、施設利用者の円滑かつ迅速な避難の確保を図る努力義務が課せられておりましたが、平成28年8月の小本川の氾濫では当時浸水想定区域が設定されておらず、被災した施設は計画作成の対象ではなかったこともあり、避難確保計画は作成されていませんでした。

　この被害を受けて、国土交通省では全国の要配慮者利用施設の管理者に水害・土砂災害時の避難に関する情報への理解を深めていただくため、要配慮者利用施設の管理者に対する説明会を開催することとしました。平成28年10月12日の宮崎県日向市を皮切りに順次実施を図り、平成29年6月に47都道府県全てにおいて開催を完了しています。

　この説明会は、厚生労働省、気象庁とも連携して、気象庁からは防災気象情報の活用について、国土交通省及び都道府県の河川・砂

図表1-29　宮崎県日向市での開催の様子

防部局から水害・土砂災害時の避難に関する情報の解説について、都道府県民生主管部局から社会福祉施設等における非常災害時の体制整備についての説明を基本として構成しています。

【説明会　次第】
○挨拶　　日向市長
○説明
⑴防災気象情報の活用について　　　　　　　気象庁　宮崎地方気象台
⑵水害・土砂災害に備えて　　　　　　　　　国土交通省
⑶社会福祉施設等における利用者の安全確保
　及び非常災害時の体制整備について　　　　宮崎県　福祉保健部
⑷宮崎県からの防災情報等の提供について　　宮崎県　県土整備部

　出席者からは、夜間の避難はどのようにすればいいのかといった質問や計画作成の方法についての質問等が交わされるなど、参加者の水害・土砂災害に対する理解促進に寄与したと考えております。秋田県大仙市では、こうした説明会等の機会を活用し、施設管理者の意識啓発に努めた結果、避難確保計画の作成状況は、平成28年3月時点の0施設から、平成30年3月時点では82施設となり、避難確保計画の作成の対象となる施設の約8割で計画の作成が進められています。

「避難確保計画点検マニュアルの作成」
　国土交通省では、避難確保計画の作成に必要な要素をまとめた「要配慮者利用施設に係る避難確保計画作成の手引き」を作成し、HPで公表しています。
　水防法に基づき避難確保計画の作成の対象となった施設はこの公表資料を活用することで計画を作成することができますが、計画内容を実効性のあるものとするためには、水害リスクの正しい捉え方、施設における避難のあり方といった避難における重要な要素が適切に計画に反映されるようチェックすることが重要です。
　このため、国土交通省では厚生労働省と連携して、要配慮者利用施設の管

理者等の避難確保計画の作成等の義務化を盛り込んだ平成29年6月の改正水防法・土砂災害防止法の施行にあわせて、避難確保計画を市町村等が点検する際のマニュアルを「水害・土砂災害に係る要配慮者利用施設における避難計画点検マニュアル」として作成・公表しました。

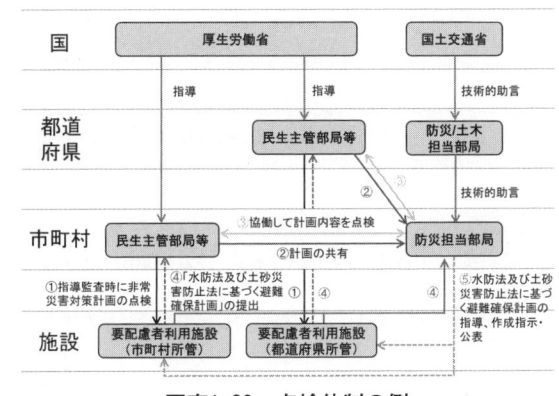

図表1-30　点検体制の例

　このマニュアルの中では、社会福祉施設の所管法に基づく施設への監査等を活用し、防災担当部局と民生主管部局が連携して点検を行う体制についても考え方を示しています。

　また、チェックリストを掲載し、計画を作成する施設においてもこのマニュアルを活用し、自ら計画内容を点検できるようにしています。

　国土交通省では、さらに的確・効果的な避難確保計画作成を進めるため、講習会形式で計画作成について解説を実施し、その後、各施設の管理者に計画を提出してもらう「講習会プロジェクト」を進めており、三重県津市におけるモデル事業を踏まえ、全国に展開することとしています。要配慮者利用施設における円滑かつ迅速な避難確保に向けて、引き続き周知・啓発を進めていきます。

② 事前の行動計画・訓練

市町村長の避難勧告発令を支援する「ホットライン」

　一般的に災害時の避難勧告等の発令は、災害対策法に基づいて市町村長が発表することとされています。しかし、個々の市町村長にとって、大水害の対応に直面することは任期中に何度もあることではなく、ほとんどの市町村長が経験・ノウハウがないまま、水害時の対応を迫られることになります。

　一方、様々な災害のなかで水害は、適切な避難行動をとることで命を守ることができる災害です。水害時に住民が適切な避難行動をとれるようにするためには、市町村長による避難勧告等の発令が適切に行われることが重要であり、市町村長がその判断を的確に行えるように、国や都道府県といった河川管理者が、洪水時に河川の状況を関係市町村長に直接伝える「ホットライン」が注目されています。

　国が管理する全ての河川において、ホットラインの取組がスタートしたのは平成17年です。平成16年、観測史上最多となる年間10個の台風が上陸するなど各地で甚大な水害が発生しました。このとき、市町村長による避難勧告の発令の遅れ、避難勧告等が発令されても多数の住民が避難行動をとらないなど、多くの課題が指摘されました。これを受けて、国土交通省では、国が管理する河川において河川事務所長から関係の市町村長等へ直接、河川の状況や今後の見通しを伝える「ホットライン」の取組を全国で展開することとしたものです。

　平成28年8月の台風第10号では、高齢者のグループホームが被災し、多数の入所者が避難できずに犠牲になりました。このとき、地元の町役場には、河川管理者である県から「河川の水位が避難勧告の発令基準に到達した」との連絡があり、また、町役場職員も確認していました。しかし、町役場職員は住民からの電話対応に忙殺されていたため、避難勧告の発令基準に達していることが町長や町幹部に伝わらず、避難勧告が発令されていない状況で大きな被害が発生しました。

　このような事態を踏まえ、都道府県が管理する河川においても、国が管理する河川と同様に、河川管理者から市町村長に河川の状況を伝える「ホットライン」の必要性が指摘されました。国土交通省は、都道府県が管理する河

川において「ホットライン」の取組を進めるため、中小河川におけるホットライン構築の留意点などをまとめた「中小河川におけるホットライン活用ガイドライン」（以下、「ガイドライン」）を策定し、平成29年2月、都道府県に提供しました。

中小河川におけるホットライン活用ガイドラインのポイント
◆ホットラインの定義
・河川管理者から市町村長への直接の情報提供
◆ホットラインの対象とする河川
・洪水予報河川、水位周知河川　等
◆ホットラインの実施体制（誰から誰に？）
・河川担当部局の長⇒市町村長　が基本
◆ホットラインの実施内容（何を伝えるか？）
・河川の水位の変化と今後の見通し
・想定される被害内容　等
◆実効性を高めるための取組
・事前に危険箇所や河川の特性を情報共有
・信頼関係の構築
・水位計等の観測機器の設置の推進
・タイムラインの策定とその活用
※地域の実情に応じ、実効性のあるホットラインとする

　都道府県が管理する中小河川は、国が管理する河川と比較して、流域面積が小さく、短時間で水位が上昇して氾濫することが多いことから、迅速かつ簡潔に情報を提供する必要があります。ガイドラインを参考にすることで、中小河川におけるホットラインの構築、運用が適切に行われるものと考えています。

　都道府県でこのガイドラインを参考にホットラインの構築を進めた結果、平成30年6月末現在、全都道府県において関係市町村との間でホットラインの構築が完了しています。

　「ホットライン」の活用により、洪水時に避難勧告の発令が円滑に実施され、「逃げ遅れゼロ」に寄与するものと考えています。

誰が、いつ、何をするか。「水害対応タイムライン」の取組 (口絵⑮参照)

　大規模な水災害、特に人的被害が生じた場合など、市町村等が混乱して対応が後手にまわり、被害が拡大したと指摘される事例が多くあります。このようなことを繰り返さないための有効な取組として「タイムライン」があげられます。

　タイムラインとは、災害の発生を前提に防災関係機関が連携して災害時に発生する状況をあらかじめ想定し共有した上で、「いつ」「誰が」「何をするか」に着目して、防災行動とその実施主体を時系列で整理するものです。

　米国では、タイムラインの取組が進んでおり、2012年に発生したハリケーン・サンディの際には、ニュージャージー州を中心にタイムラインを活用して、交通機関による住民の避難支援やその後の交通機関の運行停止等の防災行動を実施し、人命や社会経済的な被害の軽減が図られました。

　このような米国での取組も踏まえ、我が国においても大規模水害の発生を想定した「水害対応タイムライン」の取組が進んでいます。現在、全国で取組が進んでいる水害対応タイムラインは次のようなものです。

①　避難勧告着目型タイムライン

　　水害時に市町村長が実施する対応のうち最も重要な事項として、適切な避難勧告等の発令があげられます。この避難勧告等の発令にターゲットを絞ったタイムラインが「避難勧告着目型タイムライン」です。国土交通省では、避難勧告着目型タイムラインの作成・運用を全国の国管理河川、都道府県管理河川において推進しており、国が管理する河川に関係する全730市町村については平成29年6月までにその作成を完了しています。

②　多機関連携型タイムライン

　　水害時には、様々な機関が連携して防災行動を実施する必要があります。水害時の対応として課題となる地下街の浸水対策や高齢者の円滑な避難など、河川や地域の特徴に応じた多様な防災行動を対象として、河川管理者、市町村、気象台、要配慮者利用施設管理者、ライフライン事業者など多くの関係機関が連携して作成・運用するタイムラインが「多機関連携型タイムライン」です。

　　首都圏の荒川下流を対象としたタイムラインや平成23年に大規模な水

害を経験した三
重県紀宝町な
ど、平成30年7
月末現在、国管
理区間では、全
国29地域で、多
機関連携型タイ
ムラインの取組
が進んでいま
す。

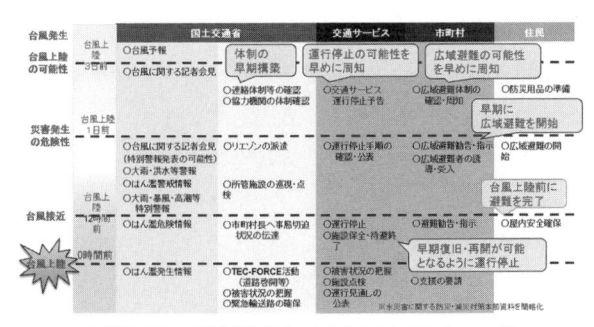

図表1-31　水害対応タイムラインのイメージ

　現実の災害は、想定したとおりには起こりません。大規模な災害では想定していない事態も多く発生します。タイムラインを作成しておくことで、あらかじめ想定していた事態に対してはタイムラインに沿った対応を実施し、対応の検討に要する人員や時間を大幅に省力化することが可能となります。これにより、事前に想定していなかった事態に対して、時間と人的資源を集中的に投入することが可能となります。

　また、タイムラインの運用での重要な事項として「ふりかえり（検証）」があります。「ふりかえり」では、タイムラインで想定していた防災行動と実際の行動を比較し、課題の抽出とこれに対する対応策を検討します。新たに発生した災害の状況に対する防災行動の位置づけや、リードタイムが取れなかった防災行動の改善等は重要になります。この「ふりかえり」は、実際の災害対応後に実施するほか、訓練後にも行う必要があります。

　タイムラインを作成し、有効に活用・運用することで、水害時の関係機関の対応が円滑に進むことになると考えています。

防災教育の推進

　「釜石の奇跡」と呼ばれる出来事があります。東日本大震災の際、20m以上の津波が襲来した地区もある釜石市内の小中学生の生存率は99.8％と極めて高く、このことが奇跡であると語られているものです。

　しかし、生存率の高さは決して奇跡ではなく、釜石では震災以前から、片田敏孝教授（群馬大学（震災当時、現在は東京大学大学院））により、熱心

な防災教育が行われていました。

　子供から家庭へ、そして地域へ。現在、国土交通省では「子供」に主眼を
おいた防災教育を推進しようとしています。これは、子供たちだけ助かれば
よいというものではなく、地域全体の防災力は、子供たちへの防災教育を進
めることによって高めることができると考えているからです。

　釜石の例でも、率先して逃げたのは子供たちでした。そして、その子供た
ちの姿を見て大人たちも逃げました。10年後、20年後にはその子供たちは大
人になり、自分たちの子供に伝える立場になります。地域に住まう作法とし
て、地域の文化として、教訓を次につないでいくことが大切です。

「水防災に関する防災教育の必要性」

　防災教育が必要なのは、地震だけではありません。近年でも紀伊半島大水
害や広島の土砂災害、九州北部豪雨など大規模な風水害は頻発しており、多
い年には100名以上が風水害で命を落としています。

　水害は、予報が出されるものの、徐々に事態が深刻化することから、地震
と比べると、逃げ方やそのタイミングが難しいという声も聞かれます。その
ため、教えるのが難しい分野であり、防災教育の取組も、まだまだ積極的に
進めていく余地が残されている状況です。

　このような背景のもと、平成29年の水防法の改正を受け、国土交通省では
大規模氾濫減災協議会を活用した防災教育の支援を本格化させることとし、
「水防災意識社会」の再構築に向けた緊急行動計画（平成29年6月20日）に
おいて、全国の129協議会で防災教育の支援に着手することを位置づけるな
ど、高い目標を掲げて全国各地で防災教育の支援を行っています。また、文
部科学省とも連携して、協議会を活用した防災教育を充実させるよう、地方
整備局や教育委員会に通知（平成29年11月7日）しています。

「防災教育に関するトピックス」

　国土交通省では、災害時の資料（写真や様々なデータなど）を保有してお
り、学校の先生からのリクエストに応じて、資料の提供や指導計画の作成の
支援などを行っています。また、防災教育のやり方を知りたいという場合
は、国土交通省の職員が学校に出向き、授業を行う出前講座や、国土交通省

が所有する災害対策車両等の展示を行うなど、学校のニーズに合わせた防災教育の支援を行ってきました。

　さらに、学校の先生が防災に関する教材などを作成する際に参考となるページをまとめた「防災教育ポータル」を開設するとともに、その中で、水害時の危険な状況を理解し、命を守るための知識と日頃の備えをみにつけてもらうための動画「洪水から身を守るには」や、子供たちが遊びながら防災について学ぶことができる防災カードゲーム「このつぎなにがおきるかな？」を公開しています。

図表1-32　防災カードゲーム
『このつぎなにがおきるかな？』

図表1-33　子ども向け動画
『洪水から身を守るには』

「各地での防災教育の展開に向けて」

　全国各地で取組を進めようとすると、近年災害を受けていない地域では、防災教育の重要性の理解が、なかなか進まないことがあります。そのような地域でも、防災教育に取組む意義を伝え、防災教育を始めたくなるような働きかけを行っていきたいと考えています。

③ 避難行動のきっかけとなる情報のリアルタイム提供

川の防災情報

　洪水時に適切な防災行動を行ううえで、住民が必要とする河川水位等のリアルタイム情報を「川の防災情報」として、国土交通省のホームページで配信しています。

「川の防災情報の経緯」

　近年の頻発化・激甚化している水害では、住民等の〝逃げ遅れ〟が発生しており、洪水時等に住民が避難する決断を支援するような河川情報を提供するため、国土交通省では、河川水位計や地上雨量計のようなセンサー（テレメータ）情報、レーダ雨量計情報、ダム等の河川管理施設の操作情報、国土交通省・都道府県・気象庁が河川の危険度を発信する洪水予報等のデータを統合システムに取り込み、それらの情報を全国統一的に「川の防災情報」で平成19年から配信開始しました。

　また、平成27年9月関東・東北豪雨を受けて取り組んでいる『水防災意識社会 再構築ビジョン（平成27年12月：国土交通省）』のもと、使用する住民目線から、「川の防災情報」に、河川沿いに設置したカメラ映像の表示、洪水の浸水想定区域図の表示、局所的な雨量をリアルタイムに観測可能なXRAIN情報の表示、GPS機能を活用し、現在位置周辺の雨や川の水位などの情報を迅速に把握できるスマートフォン用のサイトの新設などの機能を追加し、平成28年3月から配信しているところです。

「川の防災情報でわかる情報」
【河川毎の洪水予報と雨量分布情報】

　洪水予報を危険度に応じ色分けされた河川毎の情報とリアルタイムの降雨分布情報を併せてマッピング表示することで、河川氾濫の危険性を住民等に分かりやすく伝えています。

　降雨分布においては、国土交通省が所有するMPレーダ雨量計のデータを合成したXRAIN（高性能レーダ雨量計ネットワーク）から高頻度（1分間隔）・高分解能（250mメッシュ）の降雨情報を配信することにより、局

所的な豪雨についても高精度で把握可能となります。

【身近な河川水位・河川カメラ画像の情報】
　現在地の近くにある水位観測所の河川断面形にリアルタイムの水位を表示することで、河川の水が溢れる危険性が時々刻々と把握可能になり、防災行動を起こす上で直接的な情報を発信しています。
　また、河川管理者が活用していた河川カメラの画像も掲載しており、河川氾濫が迫る緊急性を把握することができます。

【スマートフォン版の配信】
　スマートフォンの世帯普及率は約72％（平成29年版情報通信白書）であり、住民等へ効率的・効果的に災害リスクを伝達するため、川の防災情報のスマートフォン版（以下、スマホ版）も平成28年から配信しています。スマホ版には、GPSにより即座に現在地をマップ上に表示する機能や河川水位観測所をクリックしたら、水位の時間変化を確認できる機能もあり、住民目線に沿った河川情報の配信を実施しているところです。

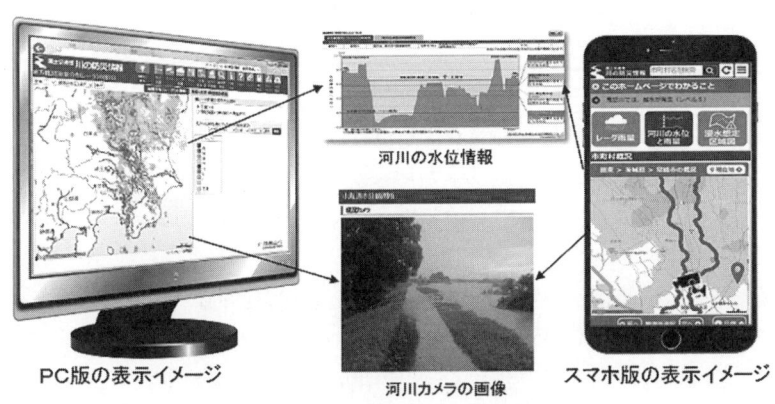

PC版の表示イメージ　　河川の水位情報　　河川カメラの画像　　スマホ版の表示イメージ

図表1-34　「川の防災情報」の表示イメージ

「英語版「川の防災情報」の配信」
　近年、外国観光客数が急増し、2020年夏の東京オリンピック開催では更なる増加が見込まれることから、川の防災情報の英語版を平成29年から新たに

配信開始し、住民や観光客も含め、洪水氾濫における逃げ遅れゼロを推進しています。

「洪水時の川の防災情報の活用」

洪水情報のプッシュ型配信やテレビ等で避難勧告等の情報を認識したら、川の防災情報により、河川水位や河川カメラ画像等の河川情報を取得し、市町村が発信している防災情報と併せて、避難所へ移動する等の適切な避難行動を実施して頂きたいと考えています。

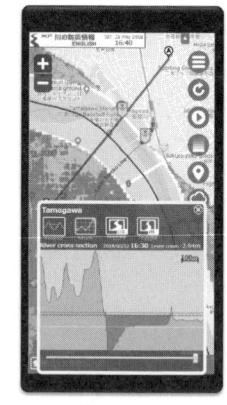

図表1-35　英語版「川の防災情報」の表示

プッシュ型の洪水情報の提供 （口絵⑯参照）

平成27年9月の鬼怒川の洪水氾濫では多くの孤立者が発生したことを踏まえ、洪水時に住民等の主体的な避難を促進するため、国土交通省では携帯電話事業者（NTTドコモ、KDDI、ソフトバンク等）が提供する「緊急速報メール」のサービスを活用して洪水氾濫の危険性を直接住民等へ周知する洪水情報のプッシュ型配信を運用実施しています。

「洪水情報のプッシュ型配信の内容」

従来の洪水情報は、国土交通省から市町村に通知し、市町村から住民等に防災無線等で伝達する、もしくはテレビ等を通じて住民等に周知してきたところですが、関東・東北豪雨をはじめ、多くの水害では住民等の逃げ遅れが発生しています。

緊急速報メールは携帯電話やスマートフォンへ自動的に通知されるシステムであり、気象庁が発信する緊急地震速報や大雨特別警報で既に運用されており、広域的な浸水が想定される河川の洪水氾濫の危険性を多くの住民等へ素早く伝達するうえで非常に有効な手段です。

洪水情報のプッシュ型配信を送信するタイミングは、河川水位が避難勧告発令の目安となる「氾濫危険水位」に到達した場合と河川氾濫が発生した場合に発出することにしています。これは、避難をする必要がないような河川状況でもメール配信を頻繁に発出することで、住民等が慣れてしまい、真に

必要なときに避難してもらえない
ような事態が想定されるため、当
メール送信は、降雨や河川水位の
予想に頼るのではなく、実際に観
測・把握される河川水位や河川氾
濫発生を基に、住民等に洪水氾濫
の危険が生じている場合に限った
タイミングにしています。

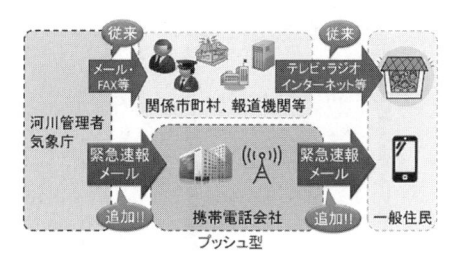

**図表1-36　洪水情報のプッシュ型配信の
イメージ**

　洪水情報のプッシュ型配信は、平成28年9月から鬼怒川流域の茨城県常総
市等の一部河川において運用開始しており、平成29年7月に68水系、平成30
年5月からは国管理の全109水系712市町村で運用実施しています。

「配信実施事例」

　平成29年度の出水では、14水系17河川で計26回の洪水情報のプッシュ型配
信を実施しました。平成29年7月と8月に雄物川で発生した洪水氾濫では、
氾濫危険水位に到達した情報や河川氾濫が発生した情報を洪水情報のプッ
シュ型配信で住民等に直接伝達することやその他のソフト対策を迅速かつ的
確に実施することで、住民の早期の避難行動に寄与しました。

「洪水情報のプッシュ型配信の広報の取組」

　洪水情報のプッシュ型配信は、洪水氾濫の危険性を住民等に緊急速報メー
ルで伝達するものであるため、受け取る住民等は、正確な知識が必要となり
ます。そのため、洪水情報のプッシュ型配信は、どのようなタイミングで、
どのような内容が配信され、受信した住民等は、どのような行動をとるかを
住民等へ事前に周知する取組を行っています。

　住民等へ広く周知するため、広報紙、回覧板、新聞広告等の取組を配信予
定の地域毎で実施しており、平成30年には約600市町村の広報紙で洪水情報
プッシュ型配信を紹介しました。

　また、平常時に地域の避難訓練を実施する際に、緊急速報メールの訓練配
信もあわせて実施することで、洪水情報のプッシュ型配信を体験することを
通して、広く周知する取組を平成28年、平成29年に計10地域で実施しており

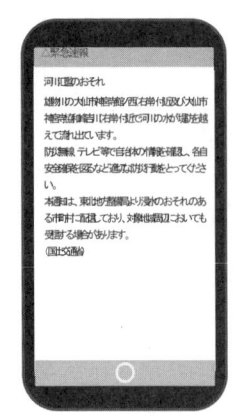

ます。

「適切な防災行動」

洪水情報のプッシュ型配信は、あくまで、洪水氾濫の危険性を知らせるアラームであり、受信した住民等は、正しい防災知識の下、適切な防災行動を速やかに実施することが重要となります。ハザードマップ等から、自宅周辺の浸水想定や避難場所を把握するなどの事前の準備をした上で、リアルタイムの洪水情報を受け取ることで、洪水時の主体的な避難行動を促し、住民等の「逃げ遅れゼロ」を実現したいと考えています。

図表1-37　洪水情報のプッシュ型配信の例（雄物川）

地域の水害危険性の周知

水防法においては、都道府県が管理する河川では「洪水により相当な損害が生ずるおそれがある河川」を水位周知河川等に指定し、平常時の「浸水想定の情報」として、河川が氾濫した場合に浸水が想定される範囲や水深等の情報（洪水浸水想定区域）と、洪水時の「河川水位等の情報」として、設定した特別警戒水位への到達情報等を関係市町村長に提供（通知）することとされています。

これまで、県庁所在地、地域の中核的な都市、三大都市圏等の各地域の拠点に係る河川を中心に水位周知河川等の指定がなされてきたところですが、平成28年の台風10号等で甚大な人的被害が発生した小本川のような、市町村の役場等の所在地に係る河川についても指定を促進することとしたところです。

一方で、役場等の所在地に係る河川であっても、洪水浸水想定区域の検討、水位計の設置、氾濫危

図表1-38　小本川の被害状況

険水位の設定等に際し、財政的・技術的な制約があり、水位周知河川等の指定に時間を要する場合があります。

　このような場合において、浸水想定の情報に浸水実績を活用する等、河川の状況に応じた簡易な方法も活用し、概ね5年で都道府県が市町村等に浸水想定や河川水位等の情報を提供する（水害危険性の周知）ことができるよう、国土交通省では、平成29年3月に「地域の水害危険性周知に関するガイドライン」を策定しました。

　なお、役場等の所在地に係る河川については、住民等の確実な避難の確保を図ることが重要であることから、本ガイドラインに基づく水害危険性の周知を行った場合も、条件が整い次第、順次、水位周知河川等に指定する必要があります。

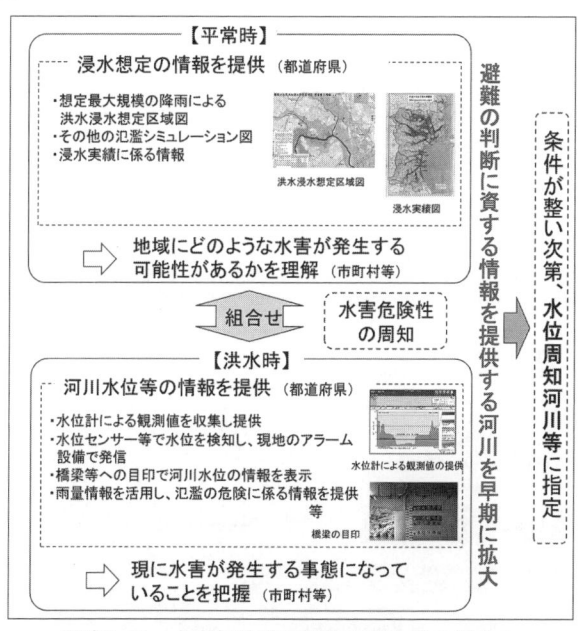

図表1-39　水害危険性の周知の基本的な考え方

2）ハード対策

ハード対策の重要性

　これまで「住民目線のソフト対策」の様々な取組について紹介してきましたが、予算や時間はかかるものの、人命や財産を守るためには河川整備を着実に進める必要があります。

　平成29年は、平成29年7月九州北部豪雨や台風第21号など、全国各地で水害が発生しましたが、その中でも洪水による浸水被害を未然に防止あるいは軽減することで、これまでの河川整備の効果が発揮された事例も多くあります。

（梯川の事例）
・台風第21号の影響により、尾小屋雨量観測所では累加雨量227㎜（10月22日1時～10月23日19時）を観測し、埴田水位観測所（石川県小松市）では、台風第5号（8月）に引き続き氾濫危険水位を超過（観測史上8位）しました。
・梯川では、昭和46年から川幅を約1.5倍に広げる引堤並びに河道掘削を行ってきたことにより、5.4k地点（小松市白江地区）では、上流の赤瀬

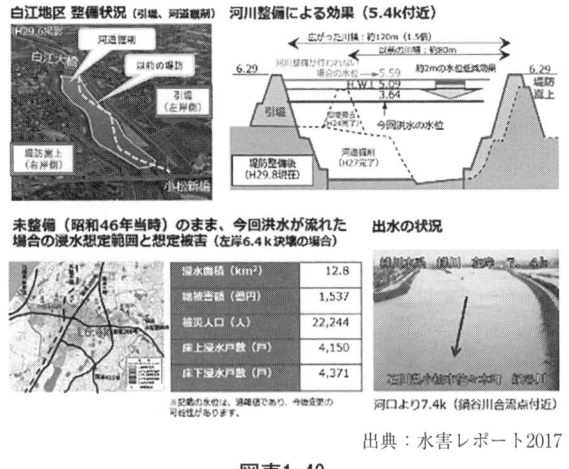

出典：水害レポート2017

図表1-40

ダム（石川県管理、昭和53年完成）の効果と合わせて約2.0mの水位低減が図られました。仮に引堤や河道掘削等の河川整備を行っていなければ堤防が決壊し、甚大な被害が発生していた恐れがありました。

・8月の台風第5号に続き、頻発する氾濫危険水位を超過する洪水に対して、河川整備が効果を発揮しました。

（首都圏外郭放水路の事例）

・平成29年10月の台風第21号において首都圏外郭放水路では、約12,040千㎥の洪水調節を実施（運用開始以降で歴代3位の洪水調節）しました。中川・綾瀬川流域に降った雨の約25％を排水機場のポンプで強制的に流域外に排水しました。雨量が同規模だった平成3年9月洪水と比較すると、浸水被害は大幅に解消しました（31,431戸→202戸）。

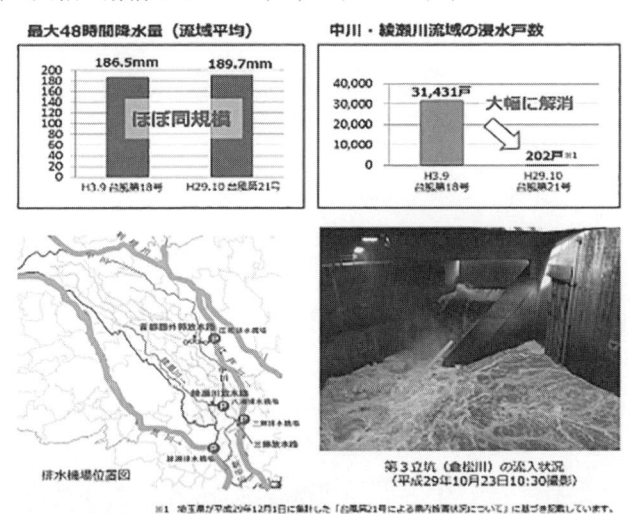

出典：水害レポート2017

図表1-41

（上野遊水地の事例）

・昭和28年台風第13号洪水で甚大な被害を受けた上野地区において、平成27年より上野遊水地の運用を開始しました。

・台風第21号において、木津川及び服部川で4つの遊水地に越流し、約600

万立方メートルを貯留しました。上野地区において約160ha の浸水面積、約760戸の家屋浸水被害を防止しました。

出典：水害レポート2017

図表1-42

（寺内ダムの事例）

・寺内ダムの防災操作によって、ダム下流に流す流量を最大約99％低減し、下流河川の水位低減を図りました。仮に、寺内ダムが整備されていなければ、佐田川において堤防高を大きく上回る洪水となり、佐田川の氾濫により浸水面積約1,500ha、浸水世帯数約1,100世帯の被害が発生していたと推定されます。また、ダム貯水池で大量の流木や土砂を捕捉しました。

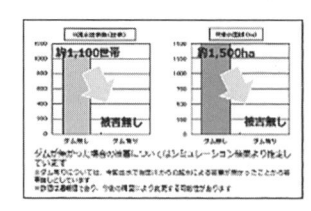

流木捕捉状況（ダム湖）

出典：水害レポート2017

図表1-43

このように、河川整備の効果が発揮された河川の沿川では水害が発生せ

ず、何事もなかったかのように日常の生活が営まれていますが、これまでの河川整備がなければ、甚大な被害が発生し、復旧・復興に多大な費用と労力が必要となったと考えられます。

（水防災意識社会再構築を踏まえたハード対策）

平成27年9月の関東・東北豪雨等を踏まえ、国土交通省では国管理河川のハード対策として、これまで計画的に取り組んできた「洪水氾濫を未然に防ぐ対策」に加えて、氾濫リスクが高いにも関わらず、当面の間、上下流バランス等の観点から堤防整備に至らない区間などでは「危機管理型ハード対策」に取り組むこととしました。

（洪水氾濫を未然に防ぐ対策）

堤防から水があふれないようにしたり、堤防に水が染み込んで壊れやすくならないよう、優先的に整備する必要のある区間において洪水氾濫を未然に防ぐ対策を進めることとしており、平成32年度を目途に約1,200kmで対策を実施します。具体的には、無堤部における堤防整備や、暫定堤防部の堤防嵩上げ・拡幅、浸透や侵食に対する安全性が十分でない堤防の強化、河道掘削などにより河道の流下能力を向上させます。

図表1-44

（危機管理型ハード対策）

もし、堤防から水があふれてしまった場合でも、堤防が壊れてしまうまでの時間を少しでも引き延ばす工夫をする危機管理型ハード対策を、平成32年度を目途に約1,800km実施します。具体的には、堤防天端の保護、堤防裏法

尻の補強の2つの対策を必要な箇所で実施します。堤防天端の保護は、堤防天端をアスファルト等で保護し、堤防への雨水の浸透を抑制するとともに、洪水流が越水した場合には法肩部の崩壊の進行を遅らせます。また、堤防裏法尻の補強は、裏法尻をブロック等で補強し、洪水流が越水した場合には深掘れの進行を遅らせます。これらにより、堤防の決壊までの時間を少しでも引き延ばすことが狙いです。

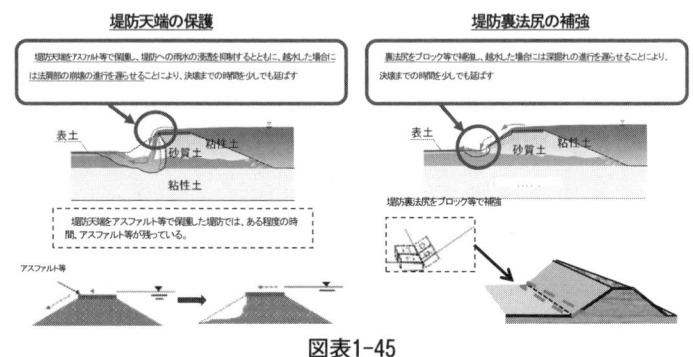

図表1-45

ハード対策は、施設能力が対象とする規模の洪水に対して効果を発揮します。一方で、「施設の能力には限界があり、施設では防ぎきれない大洪水は必ず発生するもの」へと意識を変革し、社会全体で洪水に備える必要があることから、ハード対策とソフト対策を一体的に、かつ、計画的に取り組むことではじめて、地域の安全・安心が確保されるのです。

⑵　水防法等の一部改正する法律の施行

水防法等の一部を改正する法律（平成29年法律第31号）の概要について

　平成27年、28年の豪雨災害を踏まえ、「水防災意識社会再構築」の取組を中小河川も含めた全国の河川で更に加速させ、「逃げ遅れゼロ」、「社会経済被害の最小化」の実現に寄与することを企図し、水防法等の一部を改正する法律（平成29年法律第31号。以下「改正法」という。）が平成29年2月10日に閣議決定がされ、同年5月19日に公布、同年6月19日に施行されました。この項では、改正法の概要について紹介します。

１．水防法関係
⑴　要配慮者利用施設の利用者の避難の確保のための措置に関する計画作成
　　等の義務化等

```
【関係条文】
○水防法　第15条の3
○水防法施行規則　第16条
```

　改正法により、洪水浸水想定区域、雨水出水浸水想定区域又は高潮浸水想定区域内に位置し、その利用者の洪水時等の円滑かつ迅速な避難の確保を図る必要があると認められるものとして名称及び所在地が市町村地域防災計画に定められた要配慮者利用施設の所有者又は管理者による、利用者の洪水時等の円滑かつ迅速な避難の確保を図るために必要な訓練（以下⑴において「避難訓練」という。）その他の措置に関する計画（以下⑴において「避難確保計画」という。）の作成及び当該避難確保計画に基づく避難訓練の実施について、それまでの努力義務から義務化されました。

　どのような要配慮者利用施設を市町村地域防災計画に定めるかは、各市町村長等において個別具体的に判断していくこととなりますが、例えば、老人福祉施設、身体障害者更生援護施設、児童福祉施設、医療施設、学校等が想定されています。

　また、避難確保計画の作成と当該避難確保計画に基づく避難訓練の実施が義務付けられた要配慮者利用施設の所有者又は管理者は、避難確保計画を作

成したときは、遅滞なく、これを市町村長に報告しなければならないこととされています。

　あわせて、市町村長は、避難確保計画の作成を促進するため、要配慮者利用施設の所有者又は管理者が避難確保計画を作成していない場合において、当該要配慮者利用施設の利用者の洪水時等の円滑かつ迅速な避難の確保を図るために必要があると認めるときは、必要な指示を行うことができ、正当な理由がなくこの指示に従わなかった場合にはその旨を公表することができることとされました。

(2)　浸水被害軽減地区の指定等

【関係条文】
○水防法　第15条の６から第15条の８まで、第15条の12及び第54条
○水防法施行令　第１条
○水防法施行規則　第19条の２から第19条の７まで
○河川法　第58条の10

　改正法により、水防管理者は、洪水浸水想定区域内にある輪中堤防その他の帯状の盛土構造物等が存する土地の区域であって浸水の拡大を抑制する効用があると認められるものを浸水被害軽減地区として指定することができることとされました。

　この指定がされる土地の区域としては、輪中堤防やその跡地といった帯状の盛土構造物が存する土地の区域のほか、河川の氾濫により流路沿いに繰り返し土砂が堆積し、周囲の土地より高くなった帯状の土地であるいわゆる自然堤防の区域が対象とされています。

　水防管理者は、この指定をしたときは、当該浸水被害軽減地区の区域内に標識を設けなければならず、当該浸水被害軽減地区内の土地の所有者等は正当な理由がない限り標識の設置を拒み、又は妨げてはならないとされています。また、何人も標識を水防管理者の承諾を得ないで移転、除却、汚損又は損壊してはならないこととされ、これに違反した者は、罰金が科されることになります。

　この指定により、当該浸水被害軽減地区内の土地の掘削等の土地の形状を変更する行為（以下「形状変更行為」という。）を行おうとする者には、こ

れに着手する30日前までの届出義務が課され、当該届出に係る行為について水防管理者は助言・勧告を行うことができます。

　これにより、土地の形状変更行為を行う者と水防管理者が当該行為の態様について調整したり、土地の形状変更行為自体は認めざるを得ない場合であっても、水防管理者が当該土地の形状変更を事前に確知したりすることが可能となり、必要な対応を行うための時間的余裕を確保することができます。

　なお、水防管理者が浸水被害軽減地区の指定を行おうとする際には、河川管理者は必要な情報提供、助言その他の援助を行うこととされ、また、河川管理者はこの援助を効果的かつ円滑に行うため、河川協力団体に必要な協力を要請することができます。

(3)　大規模氾濫減災協議会の組織等

【関係条文】
○水防法　第15条の9及び第15条の10

　改正法により、多様な関係者が連携して洪水氾濫による被害を軽減するためのハード・ソフト対策を総合的かつ一体的に推進するための協議を行う大規模氾濫減災協議会及び都道府県大規模氾濫減災協議会（以下「協議会」と総称する。）が創設されました。

　この協議会は、国土交通大臣が組織するものについては国土交通大臣が指定した洪水予報河川又は水位周知河川（以下「洪水予報河川等」という。）ごとに、都道府県知事が組織するものについては都道府県知事が指定した洪水予報河川等ごとに組織されることとされていますが、協議会の運用において複数協議会を合同で開催することや、既にある他の協議会等の枠組みを活用してこれを協議会とすることも可能です。

　大規模氾濫減災協議会の構成員は、これを組織する国土交通大臣並びに都道府県知事、市町村長、水防管理者、河川管理者及び管区気象台長又は沖縄気象台長若しくは地方気象台長が、都道府県大規模氾濫減災協議会については、これを組織する都道府県知事並びに市町村長、水防管理者、河川管理者及び管区気象台長又は沖縄気象台長若しくは地方気象台長が必須の構成員と

されています。

　この協議会では、例えば、「水害対応タイムライン」の作成や、住民等に対する情報提供方法の改善、広域避難体制の構築等が協議事項として想定されており、その構成員は協議が調った事項について尊重義務が課されます。

⑷　浸水実績等を活用した水害リスク情報の周知等

【関係条文】
○水防法　　第15条の11及び第15条の12
○河川法　　第58条の10

　改正法により、洪水予報河川等に指定されない中小河川についても、地域の実情に鑑みて、市町村長が洪水時の住民等の円滑かつ迅速な避難の確保が特に必要と認める河川については、過去の降雨により当該河川が氾濫した際の浸水深、浸水範囲等（以下「浸水実績等」という。）の把握に努めるとともに、これを把握したときは、当該浸水実績等を水害リスク情報として住民等に周知する制度が創設されました。

　どのような河川を本制度の対象とするかは市町村長が地域の実情に鑑みて判断することになりますが、例えば、避難すべき住民等が居住する住宅や、高齢者等の防災上の配慮を要する者が利用する施設が近傍にある河川等が想定されます。

　浸水実績等の把握については、水害統計調査、水害の痕跡調査の報告書、水害時の写真等、公共主体が実施する水害に関する調査の記録を参照することなどにより把握することが可能な場合もあります。

　また、水害リスク情報の周知の方法は、例えば、浸水実績等を地図上に示した図面の公表、浸水実績等を付加した洪水ハザードマップの公表、町中の看板・電柱等への掲示等が想定されます。図面等を公表する場合は、住民への各戸配布やインターネット上での公表等の方法が想定されます。

　なお、浸水実績等の把握に当たっては、河川管理者は必要な情報提供、助言その他の援助を行うこととされ、また、河川管理者はこの援助を効果的かつ円滑に行うため、河川協力団体に必要な協力を要請することができます。

(5)　民間事業者等による水防活動の円滑化

> 【関係条文】
> ○水防法　第19条並びに第28条第2項及び第3項

　改正法により、それまで水防団等にしか認められていなかった緊急通行及び公用負担の権限について、水防管理者から水防活動の委任を受けた建設業者などの民間事業者等にも付与することとされました。

　緊急通行とは、水防上緊急の必要がある場所に赴くときは、一般交通の用に供しない通路又は公共の用に供しない空地及び水面を通行することをいい、公用負担とは、水防のため緊急の必要があるときは、水防の現場において、必要な土地を一時使用し、土石、竹木その他の資材を使用し、又は車両その他の運搬用機器若しくは排水用機器を使用することをいいます。

　また、水防活動の委任を受けた民間事業者等が行使する緊急通行や公用負担によって損失を受けた者に対し、水防管理団体は時価によってその損失を補償しなければならないこととされています。

2．河川法及び独立行政法人水資源機構法関係

(1)　国土交通大臣又は水資源機構による権限代行

> 【関係条文】
> ○河川法　第16条の4及び第65条の3
> ○河川法施行令　第10条の7、第10条の8及び第37条の2
> ○河川法施行規則　第7条の6
> ○独立行政法人水資源機構法
> 　第19条の2から第19条の5まで、第30条の2及び第30条の3
> ○独立行政法人水資源機構法施行令
> 　第17条の2から第17条の4まで、第42条の2及び第42条の3

　改正法により、都道府県知事又は指定都市の長（以下「都道府県知事等」という。）から要請があった場合に、実施に高度な技術又は機械力を要する工事を国土交通大臣又は独立行政法人水資源機構（以下「水資源機構」という。）が当該都道府県知事等に代わって実施することができる権限代行制度が創設されました。

① 国土交通大臣による権限代行

　国土交通大臣による権限代行の対象工事は、要請を行った都道府県知事等が管理する指定区間内の一級河川又は二級河川における河川の改良工事若しくは修繕（以下「改良工事等」という。）又は災害復旧事業（公共土木施設災害復旧事業費国庫負担法（昭和26年法律第97号）の規定の適用を受ける災害復旧事業をいう。以下同じ。）に関する工事であり、国土交通大臣は、当該要請に係る改良工事等又は災害復旧事業に関する工事について、これが「高度の技術を要するもの又は高度の機械力を使用して実施することが適当であると認められるもの」であって、当該要請をした都道府県等の「工事の実施体制その他の地域の実情を勘案して…都道府県知事等に代わつて自ら行うことが適当であると認められる場合」に当該要請を受諾して特定河川工事としてこれを行うこととなります。

　改良工事等に係る特定河川工事の対象については、ダム、導水路、放水路、捷水路その他これらに類する施設で国土交通大臣が指定するものに関する改良工事等及び国土交通大臣が特定河川工事として行う災害復旧事業の施行のみでは再度災害の防止に十分な効果が期待できないと認められるため、これと合併して行う改良工事が対象となります。

　災害復旧事業に関する工事に係る特定河川工事の対象については、特段の限定はありませんが、これは、河川の改良工事等と異なり、災害復旧事業に関する工事については、その被災状況や自然状況等の具体的状況によってどのような工事の実施であれ高度な技術等を要することがあるからです。

　権限代行に係る費用負担については、二級河川の修繕を除く特定河川工事に関しては、まず国が全額国費をもって事業を行い、その後都道府県等が、当該特定河川工事に要する費用の額から当該特定河川工事を当該都道府県知事等が自ら実施した場合に国が交付する負担金等の額を控除した額を国庫に納付しなければならないこととされています。

　また、二級河川の修繕に係る国土交通大臣の特定河川工事に係る費用については、全額都道府県等の負担とされています。

② 水資源機構による権限代行

　水資源機構による権限代行の対象工事は、水資源開発促進法（昭和36年法

律第217号）第3条第1項に規定する水資源開発水系内の河川で要請を行った都道府県知事等が管理する河川管理施設の改築若しくは修繕に関する工事（以下「特定改築等工事」という。）又は災害復旧事業に係る工事（以下「特定災害復旧工事」という。）であり、水資源機構は、当該要請に係る特定改築等工事又は特定災害復旧工事について、これが「その実施が当該水資源開発水系における水の安定的な供給の確保に資するもの」及び「高度の技術を要するもの又は高度の機械力を使用して実施することが適当であると認められるもの」であって、当該要請をした都道府県等の「工事の実施体制その他の地域の実情を勘案して…都道府県知事等に代わって自ら行うことが適当であると認められる場合」に当該要請を受諾して特定河川工事としてこれを行うこととなります。

　特定改築等工事に係る特定河川工事については、ダムに関する工事が対象となります。なお、ダムの災害復旧事業と併せて行う改築についても特定河川工事として実施することができます。

　また、特定災害復旧工事に係る特定河川工事を行う場合は、水資源機構がこれを行う方が国土交通大臣がこれを行う場合に比べて効率的な場合であり、水資源機構が専らダムについて深い知識や経験を有する組織であることに鑑みると、その対象工事は原則としてダムに関する災害復旧工事になるものと想定されます。

　権限代行に係る費用負担については、二級河川の修繕を除く特定河川工事に関しては、水資源機構は、都道府県等から工事に要する費用の額から当該工事を当該都道府県知事等が自ら実施した場合に国が交付する負担金等の額を控除した額の納付を受け、国から当該都道府県知事等が自ら当該工事を実施した場合に国が交付する負担金等の額の納付を受けることとされています。

　また、二級河川の修繕に係る特定河川工事に係る費用については、全額都道府県等の負担とされています。

3. 土砂災害防止法[※]関係

⑴　要配慮者利用施設の利用者の避難の確保のための措置に関する計画作成等の義務化等

　改正法により、土砂災害警戒区域内に位置し、その利用者の急傾斜地の崩壊等が発生するおそれがある場合における円滑かつ迅速な避難の確保を図る必要があると認められるものとして名称及び所在地が市町村地域防災計画に定められた要配慮者利用施設の所有者又は管理者による、利用者の急傾斜地の崩壊等が発生するおそれがある場合における円滑かつ迅速な避難の確保を図るために必要な訓練（以下「避難訓練」という。）その他の措置に関する計画（以下「避難確保計画」という。）の作成及び避難確保計画に基づく避難訓練の実施が義務化されました。

　本改正の対象となる要配慮者利用施設や、その所有者又は管理者による市町村長への報告、避難確保計画の作成を促進するための措置については、1．(1)と同様となります。

※　土砂災害警戒区域等における土砂災害防止対策の推進に関する法律

図表1-46

66

⑶　中小河川緊急治水対策プロジェクト

中小河川緊急治水対策プロジェクトの概要

　平成29年7月の九州北部豪雨における河川の氾濫、大量の土砂や流木の流出等により発生した甚大な災害に対しては、緊急的な対応として国の権限代行による土砂・流木の除去を実施するとともに「筑後川右岸流域　河川・砂防復旧技術検討委員会」を設置し、被害実態を把握・分析して河川事業と砂防事業が連携した土砂・流木対策や地域の安全性確保方策等を検討し、災害復旧や改良復旧を実施しています。

図表1-47　透過型の砂防堰堤の整備
事例（姥子沢）

　当該技術検討委員会において明らかとなった九州北部豪雨の課題は、被害が生じた河川と同様の特徴を有する他の地域の河川においても共通していると考えられたため、全国の中小河川の緊急点検を実施しました。

図表1-48　堤防の整備事例（雨煙別川）

①　過去に土砂・流木を伴う洪水により被害があった谷底平野を流れる河川及びその上流にある渓流で、流木を捕捉する機能を有する砂防施設が十分でなく、下流の氾濫域の多数の家屋や重要な施設（要配慮者利用施設・市役所・役場

図表1-49　洪水に特化した低コストの
水位計の事例

等）に浸水被害が想定される渓流

②　重要水防区間のうち、近年、洪水により被災した履歴があり、再度の氾濫により多数の家屋や重要な施設（要配慮者利用施設・市役所・役場等）の浸水被害が想定される区間

③　人家や重要な施設（要配慮者利用施設・市役所・役場等）の浸水の危険性が高く、的確な避難判断のための水位観測が必要な箇所

　緊急点検により抽出された箇所においては、林野庁とも連携し、「中小河川緊急治水対策プロジェクト」として、今後概ね３年間（2020年度目途）で全体事業費約3,700億円により以下のハード・ソフト対策を重点的に実施することとしています。

　①土砂・流木捕捉効果の高い透過型砂防堰堤等の整備（約700渓流）

　②多数の家屋や重要な施設の浸水被害を解消するための河道の掘削等（約300km）

　③洪水に特化した低コストの水位計の設置（約5,800箇所）

⑷　水防災意識社会の再構築に向けた緊急行動計画の策定

水防災意識社会の再構築に向けた緊急行動計画の概要（口絵⑰、⑱参照）

　平成27年、28年の豪雨災害を踏まえた社会資本整備審議会からの二つの答申においては、水防災意識社会の再構築に向けて中小河川も含めた全国の河川で取り組むべき多くの対策が答申されたところです。国土交通省では、これらのうち緊急的に実施すべき事項について、実効性をもって着実に推進するため、国土交通大臣指示に基づき、概ね5年（平成29年度〜平成33年度）で取り組むべき各種取組に関する方向性、具体的な進め方や国土交通省の支援等について、国土交通省として緊急行動計画を平成29年6月にとりまとめました。

　具体的には、

1）多様な関係者が連携して洪水氾濫による被害を軽減するためのハード・ソフト対策を総合的かつ一体的に推進するための「水防法に基づく協議会の設置」

2）都道府県管理河川における水害対応タイムラインの作成促進、要配慮者利用施設における避難体制構築の支援、簡易な方法等も活用した浸水想定や河川水位等の情報提供、防災教育の促進などの「円滑かつ迅速な避難のための取組」

3）水防活動に係わる建設業者を含む関係者による重要水防箇所の共同点検などの「的確な水防活動のための取組」

4）長期間にわたり浸水が継続する地区等における排水計画の作成などの「氾濫水排水、浸水被害軽減に関する取組」

5）堤防整備、既設ダムの嵩上げ等によるダム再生などの「河川管理施設の整備等の取組」

6）地方公共団体等へ災害対応のノウハウを技術移転する人材育成プログラムによる研修などの「減災・防災に関する国の支援の取組」

など、平成29年6月に施行された「水防法等の一部を改正する法律」の内容を含め定めています。また、平成29年12月には前項で紹介した「中小河川緊急治水対策プロジェクト」の内容を反映させました。

　これらの取組については、大規模氾濫減災協議会を活用するなどして、関

係者が一体となって取組を進めるとともに、取組状況等についてはフォローアップしながら改善を加え、水防意識社会の実現に向け取組を推進していくこととしています。

「水防災意識社会の再構築に向けた緊急行動計画」（国土交通省　水管理・国土保全局　平成29年 6 月20日記者発表）
http://www.mlit.go.jp/river/mizubousaivision/pdf/koudoukeikaku.pdf

第2章　水防災意識社会の再構築に向けた地域の取組事例

各地域における水防災の取組

　水災害に備えた円滑かつ迅速な避難のための取組や平時からの水防災を意識するための防災教育や啓発活動、的確な水防活動などの取組は、これまでも各地域で取り組まれているところですが、今後は大規模氾濫減災協議会制度を活用して、その取組内容を関係者間で共有し、より多様な関係者が連携することによる内容の充実や、取組地域の拡大を図ることなどが期待されます。また、取組状況については適切にフォローアップされ、さらに内容を充実させながらサイクル型の取組として継続されることによって、地域の防災力を向上させ、社会全体で水災害に備える水防災意識が醸成されて地域に根付いていくものと思います。

　本章では地域の特徴を踏まえ、様々な工夫をしながら取組を進めている事例等を紹介いたします。本章で紹介する事例以外の全国各地の取組については国土交通省のホームページからもご覧になれます。

（参　考）
「水防災意識社会 再構築ビジョン」（国土交通省 HP）
http://www.mlit.go.jp/river/mizubousaivision/index.html

地域の災害対応力向上を目指して

見附市長　久住　時男

　見附市は新潟県の中央に位置し、人口約41,000人、面積77.91km²のまちで、豊かな自然環境に恵まれ、東側が丘陵地帯、西側が平野部で、信濃川水系の刈谷田川が市を南北に分けるように流れています。

　当市は、平成16年と平成23年の「新潟・福島豪雨」による2度の水害のほか、平成16年10月の中越大震災にも見舞われ、7年間で3度の激甚災害を経験しています。

　平成16年7月の豪雨は刈谷田川上流部で総雨量423mmを記録し、市内を流れる刈谷田川は6箇所（うち5箇所が見附市内）で破堤しました。市では災害対策本部を設置しましたが、大規模な災害を経験した職員がいない状態で、避難勧告等を発令するためのデータや判断材料も乏しく、現場からの報告を頼りに、人命を最優先に手探りの対応をせざるを得ない状況でした。

図表2-1　市街地の浸水状況（平成16年）　図表2-2　ボートによる救助（平成16年）

　この時の反省から、災害後、すぐに全職員による災害検証を行い、課題を抽出して各種対策を講じました。

　ソフト対策では、①『避難判断に必要な各種情報収集の方策』として「気象会社からの24時間体制の情報提供」、「河川水位、ダム、雨量情報の収集」などの仕組みを導入、②『情報分析・判断基準と職員配備体制の構築』として「水害時非常配備・避難情報発令基準」、「土砂災害に関する避難判断基準」を数値化し設定、③『情報発信ツールの拡充』として「サイレン・ス

ピーカー放送」、「嘱託員（区長）宅・福祉施設等へのFAX設置」、「登録制の緊急情報メールや携帯電話3社の緊急速報メール」などの複数媒体による情報発信方法を整備、④『災害対策本部と市職員の行動強化』として「理想的な災害対策本部や避難所の配置図を作成」、「災害対策本部設置・運営訓練」、「避難所設置・運営訓練」などを実施、⑤『市民の避難行動や関係機関の減災行動の向上』として「見附市総合防災訓練」での各種訓練の実施などが主な取組となっています。

見附市総合防災訓練は、本格的な出水期前の6月に「市内全域を対象にした一斉避難訓練」、「災害時避難行動要支援者の避難支援訓練」、「自主防災組織の活動訓練」、「炊き出し訓練」、「消防団の水防訓練」、「防災フェスティバル（関係機関の訓練と展示・体験コーナー設置）」などを実践し、毎年全市民の4分の1以上にあたる1万人以上の市民参加があるほか、近年では市内中学生の約9割がボランティアとして参加する住民主体の訓練が特徴となっていて、市民や地域の災害対応力の向上や防災関係機関との連携・協力体制の強化につながっています。

図表2-3　避難行動要支援者の避難支援訓練

図表2-4　中学生ボランティア

ハード対策では、①平成16年水害時の刈谷田川の最大流量に比べ、新潟県の河川改修工事後に不足する流量を補うため『越流堤方式の遊水地』を県と協力して創設、②大雨時に浸水が常態化している地域の幹線道路に降雨を一時的に貯留する『雨水貯留管』の埋設と併せて、貯留した雨水を刈谷田川に排水する『緊急排水ポンプ』を整備、③田んぼの排水口に水位調整管を設置し、大雨時に一時的に降雨を貯水して時間をかけて排水することで市街地の浸水被害を軽減する『田んぼダム』による内水対策などが主な取組となって

います。

　平成23年水害では刈谷田川の水が越流して遊水地に入り、河川水位を低下させ破堤防止の効果を発揮しました。また、雨水貯留管に雨水が流入し、緊急排水ポンプが稼働したことが、市街地の被害を激減させました。

　田んぼダムは新潟大学のシミュレーションによると、計画面積1,200ha に水位調整管が100％設置された場合は、平成23年水害と同程度の降雨でも市街地の床上浸水はほぼ解消されると報告されています。

図表2-5　遊水地への流入状況
（平成23年）

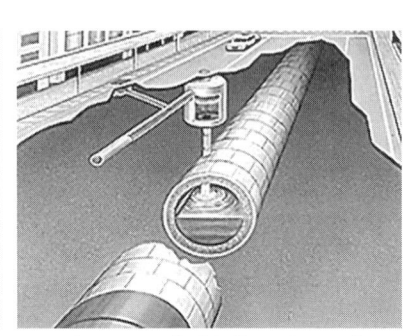

図表2-6　雨水貯留管のイメージ図

　平成23年水害時の時間最大雨量は68㎜で、平成16年水害時の時間最大雨量の1.5倍を記録しましたが、前述のようにソフト・ハード対策を総合的に進めた結果、被害額は約14億円で平成16年水害時の13分の１に大幅軽減されました。

同地点における水害時の浸水状況

図表2-7　平成16年水害時

図表2-8　平成23年水害時

　昨今、全国的に異常気象と呼ばれる局地的な豪雨が頻発している状況において、自治体としては、ハード対策とソフト対策の両輪による総合的な事前

対策を推進するとともに、災害が発生した際にも臨機応変に対応して、被害を最小限に食い止める「減災」の対応が必要になっています。しかし、非常時に行政が行える支援は限りがあります。最悪の事態を避けるためにも「自分の命は自分で守る」という意識を市民一人ひとりに高めてもらうことや地域における防災意識の高揚と防災力の強化が減災対策として重要と考えております。

当市も総合防災訓練の継続・充実をはじめ、自助・共助の意識を育む様々な手法を実践し、市民のソーシャルキャピタルを高めて、市全体の災害対応力の向上に努めていきたいと考えております。

ホットライン、タイムラインによる円滑な避難勧告発令の取組

常呂川での取組について（ホットラインは命綱）

前北見市総務部防災危機管理担当部長　阿部　孝夫

　平成28年8月、台風の上陸が少ない北海道にわずか1週間の間に3つの台風が上陸し、8月における24時間降水量の極値を多くの地点で更新する大雨となり、北見市においても甚大な被害が発生しました。

【北見市の紹介】

　本市は北海道の東部に位置し、平成18年の1市3町の合併により、総面積1,427㎢、オホーツク海岸から石北峠まで東西110kmという広大な面積を有し、気候は年間を通じて晴天日数が多く、降雨量は700～800㎜程度で、全国的にも降水量の少ない地域です。

【台風の概況】

　8月17日の台風第7号に続き、21日に台風第11号、23日に台風第9号と3つの台風が連続して上陸し、断続的に激しい降雨が続きました。

　中でも、19日からは台風第11号の接近と北海道付近に停滞していた前線の影響で激しい降雨となり、20日14時30分に災害対策本部を設置しました。本稿では20日から21日にかけての対応を紹介します。

【避難情報発令とホットライン】

　20日、台風第11号の影響で本市区域に大雨・洪水警報が発表された11時33分から災害対策本部設置の準備段階の警戒体制をとっていたところ12時15分頃、北海道開発局網走開発建設部北見河川事務所長から本市に、「常呂川上川沿水位観測所で本日21時頃に氾濫危険水位を超え、ピークは翌21日の3時頃、計画高水位を少し下回る」などの水位予測の電話があり、15時30分開会の第1回本部会議にて、その情報を周知、上川沿水位観測所の受け持ち区域の常呂川下流の常呂自治区では、住民が避難するための経路が視認できず、危険な深夜にならないよう準備を行うこととしました。

　その準備として各町内会長等へ「深夜に河川氾濫の危険があるため、17時30分に避難準備情報を発令する。その後、降雨や水位の状況により避難勧告

を発令する」と伝達し、避難準備情報発令までに常呂自治区内に10か所の避難所を開設しました。さらに19時45分には、ホットラインで得られた情報をもとに、「常呂川減災対策協議会」にて作成中の避難勧告等の発令に着目したタイムラインで定められたタイミン

図表2-9

グより前倒しして、常呂自治区内の1,302世帯、2,893人に対して避難勧告を発令しました。また、上川沿水位観測所の上流域の福山地区で河川氾濫の危険性が増したため22時20分に17世帯56人に避難指示を発令、その後、さらに水位が上昇し計画高水位を超えたこと（その後12時間ほど超えた状態が続いた）、堤防の決壊・越水（図表2-9）が確認されたことなどから21日0時40分に、残りの1,285世帯2,837人に対し、避難指示を発令しました。この間、北見河川事務所長とのホットラインにて災害対策本部へ水位や堤防の状況などの情報提供を受け、意見交換を行いました。

【常呂自治区の避難の概況】

　広大な面積を有する本市では、常呂自治区以外の地区においても中小河川の氾濫や、土砂災害発生のおそれがあることから、避難勧告発令対象の総数は3,152戸、6,534人（最大避難者数910人）に達しました。自主避難者用を含めた33か所の避難所の開設や、常呂自治区における2次避難の実施など、これまでに経験のないことが次々発生しました。

　福山地区とその上流域の日吉地区の住民は、「日吉会館」に避難していましたが、常呂川支流の河川の堤防決壊により冠水の危険が生じたため、10kmほど離れた仁頃住民センター及び上仁頃小学校へ2次避難を行うこととしました。避難者の一部の方は自家用車で向かいましたが、当該地域は山間であり、唯一の基幹交通路である常呂川と並行する道道7号が冠水していたこと

図表2-10

図表2-11

から、日吉地区に引き返し高台で待機することになりました（図表2-10）。その後、2次避難先への避難ルートとして、住民が夜間には殆ど利用しない砂利道の多い8kmほど遠回りになる市道を用いることにしました。自家用車を利用できない避難者用に大型バスを準備していましたが、路肩が一部崩壊して大型バスは通行できないことが判明したため、砂利道が舗装路に変わる地点にバスを待機させ、日吉地区からは、ワゴン車を利用しバスまでピストン輸送し、避難者全員がバスに乗車し2次避難先に到着した頃は4時を迎えていました。（図表2-11）

　なお、北見地区消防組合常呂消防団は福山地区・日吉地区の避難指示の発令に伴い、広報活動を行うとともに戸別に訪問し避難誘導を実施しました。

　また、避難所への移動中の車両が冠水した道路上で立ち往生し、溺れかけていた女性を救助するなどの功績により平成29年防災功労者内閣総理大臣表彰を受賞しました。

　しかし残念なことに、21日に日吉地区より常呂市街地方面の道道7号線に水没していた車両の近くに常呂自治区市街地にお住まいのお一人の方を発見、死因は溺死と判定されました。

　この区間は通行止めとなっていたため、その後、通行止めの在り方につい

ても課題を残すこととなり、各機関と対応について意見交換を行っています。

　災害対策本部は、30日夜に北海道付近を通過し日本海に抜け温帯低気圧に変わった台風第10号の影響による大雨により被害を受けた道路、橋梁等の応急対策が終了した9月2日8時45分に解散しました。

【本市と他の機関との関係について】

　本市では昭和57年9月に北海道防災総合訓練が当地で開催されてから毎年、防災週間に北見市防災会議主催で「北見市防災総合訓練」を実施しています。参加団体は北海道開発局・北海道・気象台等の行政機関、医療機関、電気・通信等のインフラ関連企業及び災害時において物品等の供給の防災協定を締結している企業、さらに各地域町内会です。平成29年度の参加者は30団体、人数では住民の参加が多くなったことなどから例年より100人程多い約700人でした。例年の訓練実施のため全体会議の開催や電話での調整に加えて、平成28年4月に設置された「常呂川減災対策協議会」では北海道開発局・北海道・気象台に加えて警察、自衛隊、消防も構成員となり、本市の防災担当部局と関係機関との関係が普段から築かれていたことが、今回の災害時におけるリエゾンを通じた情報共有および、防災協定締結企業からの避難所への仮設トイレの設置、食糧等の物品搬入の円滑化の一助となったものと考えています。

【災害発生後の対応等】

　水防法改正により、想定し得る最大規模の洪水に基づいた浸水想定区域が国土交通省より公表されたことから、住民と意見交換を行い、状況により2次避難を行う段階的避難と避難場所の見直しを行った常呂自治区の洪水ハザードマップを平成29年度に作成しました。

　また、行政機関のみで河川氾濫による避難勧告等の発令に着目したタイムラインを作成してきたところですが、平成28年台風災害を踏まえ、今後はより安全に避難すること、被害を最小限にすることを目指すために、住民や交通、電気などの企業も加わり、各機関が連携し情報を共有し事前に実施すべき行動を示した多機関連携型タイムラインの構築が必要との考えから、現在、関係機関と調整を行っているところです。

雄物川での取組について

秋田県大仙市防災危機管理監　郡山　茂樹

1．はじめに

　私どもが生活する秋田県大仙市について、紹介させていただきます。

　当市は、人口約8万人、秋田県の内陸部に位置し、市の中央を1級河川「雄物川」が流れる自然豊かな田園都市です。

　東京から秋田新幹線で約3時間の距離にあり、秋田自動車道や国道13号が縦断するなど、東北屈指の交通の要衝となっております。

　基幹産業は農業で、県内有数の穀倉地帯となっており、県全体の米の収穫量では新潟県に次ぐ全国第2位の米どころでもあります。

　観光については、日本三大花火大会と評される「大曲の花火」が全国的にも有名です。平成29年の大会は、直前に大雨となり開催には苦労しましたが、当日は約74万人のお客さんにお越しいただき、盛大に開催することができました。

　本稿では、その1ヶ月前の7月22日から23日にかけて発生した豪雨災害の概要と当市の取組などについて紹介させていただきます。

2．平成29年7月22日からの豪雨災害の概要

　① 降水量

　秋田県内陸部では、停滞した前線の影響により7月22日正午頃から非常に激しい雨が降り続き、24時間降雨量が観測史上最多の363ミリに達する豪雨となりました。

　② 被害の概要

　横手盆地の中央を流れる雄物川からの氾濫の影響を受けた当市では、住宅の被害が、

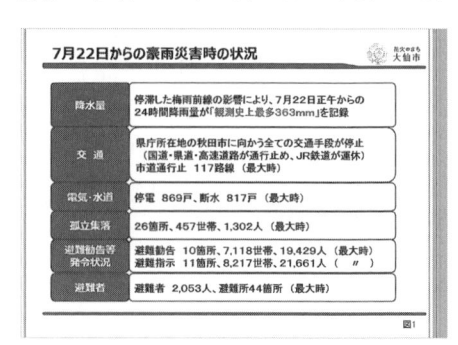

図表2-12

全半壊37棟、床上浸水265棟、床下浸水550棟、非住家の被害も含めると1,500棟以上の甚大な被害を記録しました。まさに、これまでに経験したことのない豪雨でした。

　この豪雨により、一部の国道や県道、高速道路が通行止めになったほか、JRも運休し、市道も117路線で通行止めになりました。

　また、電気・水道も最大時で停電869戸、断水817戸となり、孤立した集落も最大時には26箇所、457世帯、1,302人にのぼりました。

③　避難勧告等の発令と避難の状況

　避難勧告等の発令は、避難勧告が最大時で19,429人、避難指示が最大時で21,661人と大規模なものとなりました。市民のおよそ4人に1人に対して避難を促したことになります。

　また、実際の避難者数は2,053人にのぼり、市で開設した避難所に避難していただきました。

3．国・県と連携した情報収集と「早め早め」の避難勧告等発令

　豪雨時の情報収集と分析、情報の使用（伝達）についてですが、いわゆる「ホットライン」として、地元・国土交通省湯沢河川国道事務所長から河川水位情報や今後の予測を、秋田気象台長からの気象情報・土砂災害情報を、秋田県からは主に県管理の中小河川の観測水位情報をリアルタイムでいただきました。

　どの情報も重要なものばかりで、災害現場の水防団員や住民からの情報と併せて大いに活用することができました。

　特に、「水防タイムライン」に基づき上流の水位ピークや観測点における増水ピークの時刻の予測により、浸水域の範囲や避難方向、避難所開設準備の時間獲得などを容易にする大変貴重な情報でした。

図表2-13

これらの情報により、市の災害対策本部も早め早めに設置し、職員の参集も早めました。

　早めの設置により全庁的な応急対策の検討に時間的な余裕が生まれ、結果、所要の活動にいち早く移行できたものと思います。

　避難勧告や避難指示につきましても、人命を最優先に、「空振り覚悟」で早め早めに、具体的に発令しました。

　伝達方法については、報道機関への情報提供（テレビに字幕スーパーで流れて知らせる「Ｌアラート」活用）や広報車による巡回に加え、市独自の「防災一斉メール」や「コミュニテイＦＭ」などもフル活用しました。

　さらに、災害発生の危険性が高い地区の自主防災組織の会長や避難行動要配慮者施設に対し、個別に「電話連絡」を行い、住民の主体的避難を促しました。

　避難行動については、個人や地域の自主防災組織などを基本とし、自力避難の困難な方は前ページ図表2-13の右下に示したとおり消防等で救助活動を行っています。

4．改正水防法第15条3項への対応　～生かされた岩泉の教訓～

平成28年8月末の台風10号の影響で岩手県岩泉町を流れる小本川が氾濫し、流域にあった高齢者施設の入居者9人が犠牲となりました。

　これを受けて国では、各地の水害を教訓に水防法を改正し、当市では地域防災計画への反映や浸水想定区域内に存在する106箇所の福祉施設や学校、医療機関などの要配慮者利用施設の管理者に対して「避難確保計画の作成」並びに計画の提出をお願いしました。

　現在、約80％の85施設から計画の提出をいただいております。

　また、「避難訓練の実施」についても、同様に年1回以上の実施を義務づけし、その実施状況を報告して貰っています。

　実際には訓練の指導する側に消防署や市の防災担当が加わる部分もあり、地域の関係者が一体となって取組を進めています。

　次ページ図表2-14の特別養護老人ホーム「愛幸園」では、一昨年10月に避難計画を改訂し、11月から避難訓練や防災研修会などを重ねておりました。

　７月の豪雨では、その避難訓練の成果を生かす形で避難が実際に行われました。避難先となった「平和中学校」では東日本大震災を教訓とした「避難所開設運営訓練」を積み重ねてきたこともあり、今回避難された愛幸園の入居者70人を円滑に受け入れることができました。避

図表2-14

難する側と受け入れ側の「訓練と連携」が奏功した事例として新聞などに取り上げられております。

　当市では、東日本大震災の教訓を踏まえ、平成25年度から新規事業として「生き抜く力育成事業だいせん防災教育」を継続しております。

　この事業は主として指定避難所たる中学校に焦点を当てて、教育委員会主管の事業としました。

　年度当初に実施中学校を指名し、地域住民を巻き込んだ避難所開設・運営訓練として進め、昨年まで５年連続、５校が体験しております。

　この事業を第１回目に行ったのが、今回、愛幸園の高齢者を受け入れた平和中学校でした。また、平和中学校校長は、この事業を立ち上げた当時の担当者と言うこともあり、大変円滑に避難者を受け入れることが出来ました。

5．おわりに　〜釜石の奇跡から大仙の奇跡へ〜

　今回の大災害では、奇跡的に一人の犠牲者も出すことなく乗り切ることができました。その背景には雄物川を管轄する国土交通省湯沢河川国道事務所長や秋田気象台長から市長に直接、「ホットライン」を通じて情報提供が行われ、市災害対策本部活動に適時適切な情報として活用、「早め早めの避難勧告等」の処置等に繋がりました。

　一方、災害現場で起きていた住民同士の助け合いがあったからこそと確信しています。特に、要配慮者である高齢者に絞った地域の声がけや水防団をはじめとする献身的な避難行動支援の実践が奇跡を呼び込んだものと

思います。

　当市では、自主防災組織に対する結成促進と活動強化を狙いとした「災害に強いまちづくり事業」を継続しております。

　具体的には資材の購入や防災訓練実施経費の補助、自主防連絡協議会事務費の補助として、当初予算に一定の経費を計上し、各自主防災組織の活動を支援しております。

　補助率は、各組織の世帯数や活動内容により上限の金額を定めた要綱により推進中であり、ここ10年間で自主防災組織の結成率が全体として約91％まで発展してきました。この原動力は地域住民の防災意識の高揚と平素からのお互いに助け合おうとする地域コミュニテイそのものにあると思います。

　また、当市では毎年、全市民による「シェイクアウト訓練」を実施しています。この訓練は、平成25年に友好交流都市の神奈川県座間市から教えていただいた「防災一斉行動訓練」のことで、平成27年1月から座間市と一緒になって、毎年1月23日に市民参加型（本年は第4回目となり市民約3万人参加）の訓練として、午前11時に「身体を低く」「頭を守る」「動かない」の三動作を行っています。

　その後にも「プラスワン訓練」として、市長相互の通信訓練を行っております。その成果もあり、市民全体に自分の命は自分で守る意識が浸透しつつある現状です。

　最後になりますが、既に明らかに雨の降り方が変化している等、新たなステージへと移りつつある豪雨災害やいつでも何処でも発生が危惧されている地震などへの防災・減災の第一歩は、自分の命は自分で守る「自助」と、自分たちのまちは自分たちで守る「共助」の基盤づくりの支援を拡充することにあると改めて認識させられた災害でした。

秋田県の中小河川での取組

秋田県建設部河川砂防課長　小野　久喜

1．秋田県における「ホットライン」の概要

　秋田県では、平成29年6月に県内8地域において、県、市町村、気象台で構成する「県管理河川減災対策協議会」を設立し、県と市町村間の「ホットライン」を試行運用することとしました。

【秋田県管理河川減災対策協議会の設置方針】
■協議会構成員
　・各市町村長
　・秋田地方気象台長
　・秋田県地域振興局（局長、総務企画部長、建設部長）
　※事務局：建設部
■アドバイザー
　・東北地方整備局（河川部、河川国道事務所）
　・秋田県（総合防災課、河川砂防課）
■幹事会構成員（アドバイザー参画可）
　・市町村防災担当課長
　・秋田地方気象台　防災管理官
　・秋田県地域振興局（総務企画部　地域企画課長、建設部保全・環境課長）
■協議会での実施事項
　・現状の水害リスク情報や取組状況の共有（洪水浸水想定区

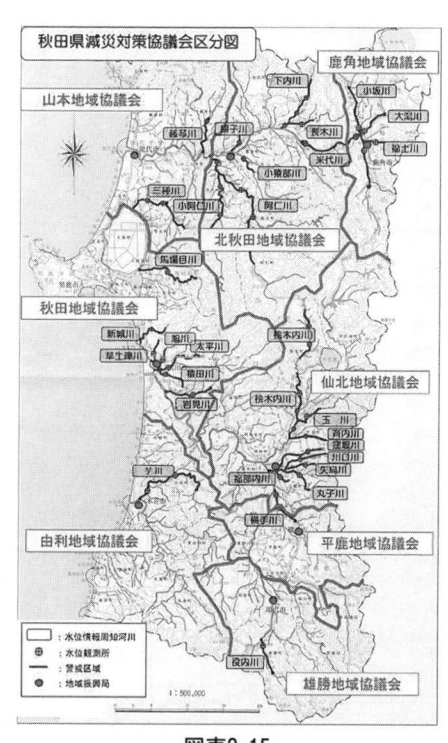

図表2-15

域、情報伝達、避難計画等に関する事項等）

・地域の取組方針の作成（概ね5年間で実施する取組内容）

・フォローアップ（地域の取組方針に基づく対策実施状況の確認）

「ホットライン」は、避難判断水位及び氾濫危険水位到達時に実施することを基本とし、具体の方法は平成19年度より運用している土砂災害警戒情報の方法を準用したもので、各地域振興局建設部長等から市町村防災担当部局長等へ、水位上昇見込み等をFAXで情報提供し、電話で着信を確認、その後、市町村は県に対し、市町村長への伝達者と伝達時刻を報告するというものです。

【ホットラインの構築（試行案）】

■伝達内容およびタイミング

○伝達内容　：現在の水位状況および水位上昇の見込み

○タイミング：氾濫警戒情報（避難判断水位到達）発表時……避難準
　　　　　　　備・高齢者等避難開始の発令判断の目安
　　　　　　　氾濫危険情報（氾濫危険水位到達）発表時……避難勧告
　　　　　　　の発令判断の目安

※堤防等の以上に係る情報等については、別途情報提供を行う。

■伝達方法

【伝達の流れ】

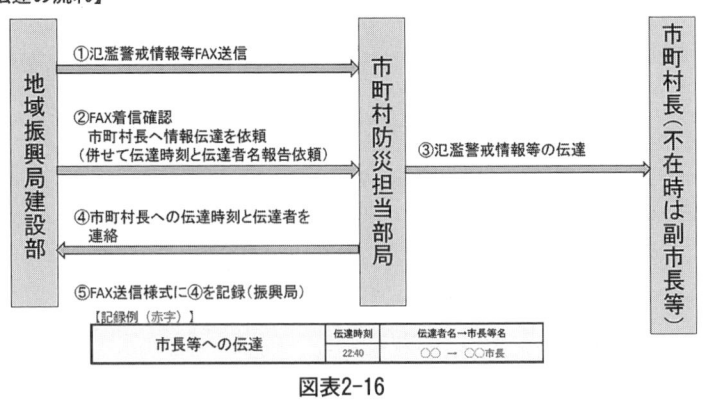

図表2-16

○土砂災害警戒情報の伝達方法を準用し、地域振興局建設部と市町村防災担当部局間での情報伝達を基本。

2．平成29年7月洪水における「ホットライン」の運用状況

　「ホットライン」の運用を開始した翌月、7月22日から23日の梅雨前線に伴う豪雨では、秋田空港周辺や県南部の横手市で、24時間雨量が300㎜を超過し、4水系26河川で氾濫が発生、住家被害は、全壊3戸、半壊32戸、床上浸水497戸、床下浸水688戸に及びましたが、人的被害はありませんでした。

　この豪雨時における「ホットライン」は、22日10：10の米代川水系下内川（大館市）の避難判断水位到達時から、23日8：00の雄物川水系桧木内川（仙北市）の避難判断水位到達時まで、12河川10市町村で延べ36回実施しました。具体的には、「避難判断水位に到達した事実」、「氾濫危険水位と避難判断水位の水位差」、「直近1時間の水位上昇量」、「今後の水位上昇見込み」等を伝達しております。

　これらについては、各市町村長による避難勧告等の判断材料として活用いただき、住民の迅速な避難につながったものと考えております。

　今回の「ホットライン」の特徴としては、22日13：20～20：40までは一切実施がなく、22日20：50～翌23日6：00までの実施が22回と夜間に集中したことが挙げられます。

　さらに、日付が変わるころには、ほとんどの県管理ダムで洪水調節が開始されたこと等もあり、増加する様々な情報の収集、整理、伝達に対応するため、深夜に職場での待機人員を急遽増員しました。具体的には「ダムの流入量、貯水位等の洪水調節速報の整理、報告」、「水防警報や水位

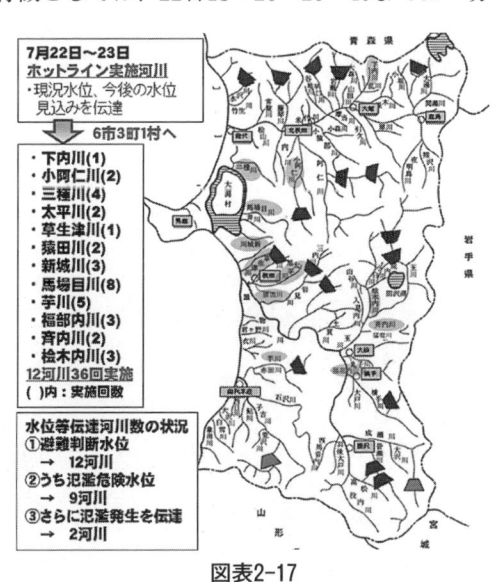

図表2-17

到達情報のFAX等の整理」、「河川毎の水位到達一覧表等の作成」、「土砂災害警戒情報の発表」、「洪水予報河川の洪水予報の発表」、「遊水地の状況把握と排水ポンプ車の国への出動要請の検討」、「越水情報・土砂災害発生情報及び被害情報のとりまとめ」等の業務をお互い声かけしながら、適宜役割分担し、対応しておりました。

3.「ホットライン」の改善に向けた取組
　今回の経験を踏まえ、翌月の8月以降、県内25市町村の防災実務担当者を対象に避難行動に関する現状と課題について、「アンケート調査」を実施するとともに、「ホットライン」の実施状況や被害等の情報を共有し、幹事会で「ホットライン」の方法を再検討しました。
　アンケートの内容は「避難勧告等発令時の反省点」、「避難勧告等進言時の意識」、「避難行動における主な課題」、「避難勧告等の判断で必要な情報」等について調査しました。

　図表2-18は、避難勧告等を発令した経験のある16市町村の実務担当者のうち、5名の方々が、急激な水位上昇での対応、住民への迅速で確実な情報伝達に関する反省点を挙げております。

①	急激な水位上昇で対応に苦慮
②	様々な情報伝達ツールも活用すべき
③	自治会長への連絡に時間を要した
④	防災メール等の入力に時間を要した
⑤	防災無線が聞き取りにくかった

図表2-18　発令時の反省点

　また、図表2-19は避難勧告を首長へ進言する場合の意識ですが、「心理的敷居の高さ」を約6割が感じており、その主な理由は図表2-20に示すとおりです。
　当県の県管理河川減災対策協議会では、これら結果につい

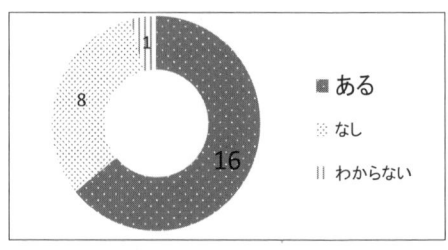

図表2-19　発令に対し心理的敷居の高さはあるか

て、委員である首長より「空振りは恐れるべきではない」との意見がありました。

主な理由	該当人数
①　住民の日常生活に及ぼす影響が大きい	11
②　発災の可能性とその程度が想定できない	5
③　繰り返しの発令で住民が慣れることを危惧	4

図表2-20　心理的敷居の高さの理由は（上位 3 項目）

避難に関する主な課題を図表2-21に示します。協議会では、「①のような基準化は困難であり、首長が判断する」との意見が委員よりありました。

主な理由	該当人数
①　判断に迷わない明確で見逃しのない避難勧告等発令基準	12
②　要配慮者利用施設の避難確保計画の策定と訓練の実施	12
③　速やかで確実なわかりやすい情報伝達方法の構築	12

図表2-21　避難における主な課題（上位 3 項目）

また、図表2-22には避難勧告等基準で必要と思う情報を示しています。

主な理由	該当人数
①　より精度の高い水位上昇見込み	13
②　災害の種類毎の危険度評価とその変動見込み	2
③　さらに細分化した地域毎の雨量情報	1

図表2-22　避難勧告等基準で必要と思う情報は（上位 3 項目）

「より精度の高い水位上昇見込み」が13人と過半数を占めましたが、幹事会では「急激に水位上昇する中小河川における水位予測は正直難しい」との意見があったほか、7月22日〜23日に浸水被害のあった26河川のうち、非水位周知河川は19河川と約7割を占めていたことや夜間に氾濫が発生したことから、「まずは、河川の現況水位の把握のため、水位計の増設が必要である」との意見もあり、国の補正予算を活用し、危機管理型水位計を約180基増設することとしました。

ホットラインの再検討では、先に述べた試行を経て、平成29年度末に各地

域の協議会で実施方法が決定されました。急激に水位上昇する中小河川の特性を考慮し、市町村長への迅速な情報伝達を図るため、地域振興局建設部長と市町村長の直接のホットラインを基本とする地域がある一方で、様々な情報を把握している防災部局を通じて市町村長へ情報を伝達する現在の方法を継続運用する地域も多くあります。

　ホットラインは市町村の避難勧告等の重要な判断材料の一つであり、地域の各市町村の意見を重視した結果となっております。

　なお、ホットラインについては、同時に送信する水位情報のFAX様式に市町村長への伝達者と伝達時間の記載欄を設ける等のシステム改良を今年度中に実施するほか、継続的に改善を図っていくこととしております。

筑後川での取組

大分県日田市総務部防災危機管理室主事　谷瀬　貴信

１．平成29年７月九州北部豪雨の日田市の状況

平成29年７月５日（水）の昼ごろから九州北部の梅雨前線に暖かく湿った空気が流れ込み、それらによって発生した線状降水帯により福岡県から大分県にかけて強い雨雲がかかりました。降雨域では短時間に記録的な雨量を観測し、朝倉市から日田市北部においては観測史上最大の雨量を記録しました。この豪雨で九州では初めてとなる大雨特別警報が発表され、「平成29年７月九州北部豪雨」と命名されました。福岡、大分両県で多大な被害が発生し、日田市では死者３名、負傷者４名、住家被害1295棟、非住家被害581棟（平成30年３月２日時点）という甚大な被害をもたらしました。

日田市は大分県西部に位置し、自然豊かで「水郷ひた」と呼ばれるほど水のきれいな土地です。また、林業を基幹産業とし、古くから河川は重要な輸送手段として活用されてきました。

市内を流れる河川の中の一つに筑後川水系の花月川があります。平成24年７月出水期において花月川では７月３日の降雨で当時、観測史上最高の水位を記録するとともに、堤防からの越水などにより721戸の家屋浸水被害が発生しました。さらに７月14日にも、７月３日を上回る水位を記録し、再び堤防からの越水などによる家屋浸水被害が発生するなど、甚大な被害をもたらしました。しかし、平成29年７月九州北部豪雨では雨量、水位ともにそれ以上のものでした。比較すると、日田雨量観測所の累加雨量（平成24年７月243㎜）は約２倍近くの462㎜でした。また、６時間雨量も299㎜を記録し、平成24年７月３日の降雨量６時間163㎜を超える雨量を記録しました。その影響により河川の水位が一気に上昇し、花月川花月水位観測所では「計画高水位」を超え、観測史上最高水位を記録し、堤防の欠損、護岸の損傷、河岸浸食等が発生、家屋の床下床上浸水被害が発生しました。また、JR 久大本線橋梁も流出（写真１、２参照）するなど、これまでにない被害が発生しました。

平成29年７月５日、当市では11時４分に大雨警報が発表され、その後15時

15分に災害対策本部を設置しました。多大な被害があったものの、適切に避難勧告等を発令することができたと考えています。それが可能となった要因の一つに迅速に河川等の水位情報を確認できたことが挙げられます。情報の収集には"ホットライン"も活用され、たいへん役立ちました。記録的な豪雨により花月川において、急激な水位上昇が予想されたことから、筑後川河川事務所長と日田市長間においてホットラインにより情報を共有しました。連携を密にすることにより、日田市が対象地域に対し、適切に避難勧告等を発令することができ、住民への避難の呼びかけを実施することができました。

地元住民提供

提供：国土交通省九州地方整備局筑後川河川事務所

図表2-23　筑後川水系花月川左岸0.2k　JR久大本線橋梁流出現場

提供：株式会社ノーベル

図表2-24　筑後川水系花月川左岸0.2k　JR久大本線橋梁流出現場上空から撮影

2．ホットライン、タイムラインの運用

　国が管理する河川では、国土交通省の河川事務所長から市町村長へ直接、河川の状況や今後の見通し等を伝えるホットラインを開設し、運用しております。洪水時において、河川事務所長から市町村長等へ直接河川情報を伝達することは、市町村長が避難勧告等の発令を判断するための支援として、有効な取組です。筑後川河川事務所長と日田市長へのホットラインは7月5日に計4回（15時25分、16時45分、18時10分、19時50分）行われました。この4回はそれぞれ花月川水位観測所の水位変化に応じて行われています。15時25分は記録的短時間大雨情報発表に関する共有、16時45分は避難判断水位超過、18時10分は氾濫危険水位超過、19時50分は計画高水位超過となっています（下図参照）。ホットラインの中では水位の状況に加え、降雨の状況や今後の予想、リエゾンの派遣についてなど、有益な情報をお互い共有することができました。

　このホットラインは事前に整備した“タイムライン”によるものです。この仕組みは、作成後も大分県、熊本県、水資源機構、国からなる「筑後川上流圏域大規模氾濫に関する減災対策協議会」で検討された減災に関する取組方針に基づき、随時議論しているものです。課題としては、実際の災害対応

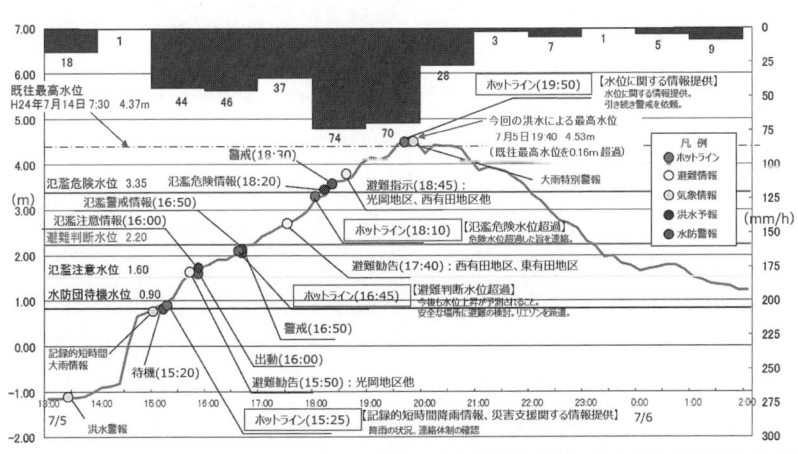

提供：国土交通省九州地方整備局筑後川河川事務所

※1　本資料の数値は、速報値であるため、今後の調査で変わる可能性があります。

※2　避難勧告・避難指示は、花月川に関係している部分のみを記載しています。

図表2-25　筑後川河川事務所から日田市へのホットライン

時にはタイムラインの内容どおりに事態が進行するとは限らず、想定している状況とは異なる新たな事態が発生する可能性があるということです。実際に日田市においても、地元対応やマスコミ対応などに追われた結果、タイムラインの活用が困難な状態にありました。日田市では、電話対応班やマスコミに対応する広報班を位置づけていますが、平成29年7月九州北部豪雨のような時には本来災害対応にあたるべき防災担当者もその対応をせざるを得ない状態になりました。今後、外部からの電話対応については、やはり防災担当者以外の者が応援にあたるべきだと考えます。

3. 今後の防災対策

　これまでの災害対応を受けて、今後、事前の災害に対する備えが最も大切であると感じました。災害発生から、まずは自助・共助がたいへん重要となります。実際に、7月5日当日、花月川沿いの吹上町自治会（自主防災組織）では、川の増水に危険を感じ、自治会長の指示で役員や防災士が公民館に集合して会議を行い、住民に自宅2階への垂直避難を促すことを決め、皆で手分けして避難の呼びかけを行いました。その後、雨が小康状態になったことから一人暮らしの人で不安を感じる人が30人程度、公民館に避難しました。公民館には備蓄がなかったため、防災士が市役所に毛布を調達に行き、食料をスーパーで購入して避難者のお世話をしました。また、今回被害の大きかった小野地区の鈴連町自治会では、防災士がインターネットで線状降水帯を確認して危険と判断し、班長に住民の避難誘導の要請を行ないました。また、その防災士ご自身も隣人に避難の声掛けをし、事前に決めていた地域の避難場所に隣人と共に避難しました。その後、隣人の住家は土砂に流されましたが、全員避難していたため人的被害はありませんでした。こういった、吹上町や鈴連町のように自治会（自主防災組織）単位などで、災害が発生した際には協力し対応できるように促していくことが大事だと思います。

　日田市ではこのような自治会（自主防災組織）を増やしていく方向で、平成29年度から選定した自治会へ講師を派遣し、他の自治会のモデルとなる組織育成に取り組みたいと思います。また、「自主防災組織活性化事業補助金」という独自の補助金を整備しています。防災関係の資機材や、個別の防災訓練に対して一定の補助金を交付し、自主防災組織の防災力向上に努めていま

す。さらに今後、補助金のラインナップの拡充を図るところです。また、平成24年度から防災士の養成に尽力しております。自治会に防災について専門的な知識のある防災士を養成することで、防災士を中心に防災力向上を図っていこうと考えています。

　防災担当職員として今後、心がけようと考えているのは災害対応時にはできるかぎり記録を取るということです。実際に大規模災害が発生した際には、その対応に追われ、すべてを記憶することは非常に困難になります。しかし、時間を記録することで、あとで情報を時系列に整理する際に役立ちますので、今後とも推進事項として関係職員への周知を図りたいと考えています。

　平成24年と平成29年に２度も水害を経験し、非常に災害の多い日田市ですが、様々な関係機関と連携を密に取り、今後も災害が発生した際には適切に対応できるように取組みたいと考えています。

(2)　マイ・タイムラインの取組

鬼怒川・小貝川下流域におけるマイ・タイムラインの取組について

鬼怒川・小貝川下流域大規模氾濫に関する減災対策協議会

はじめに

　平成27年9月関東・東北豪雨により広範囲かつ長時間の浸水等が発生した鬼怒川・小貝川下流域（茨城県区間）では、これらを繰り返さないため、ハード・ソフトが一体となった緊急的な治水対策「鬼怒川緊急対策プロジェクト」を推進するとともに、「鬼怒川・小貝川下流域大規模氾濫に関する減災対策協議会（以下「減災対策協議会」）」において、全国に先駆けて「鬼怒川・小貝川下流域の減災に係る取組方針」をとりまとめ、「逃げ遅れゼロ」等を目標に取組を進めているところです。

　「逃げ遅れゼロ」に向けては、これまで洪水時情報伝達演習やホットライン訓練等の行政間における連携の確認・強化を進めてきましたが、その一方で、洪水から生命を守るためには、住民一人ひとりが自ら避難行動をとることも重要です。

そのため、「逃げ遅れゼロ」に向けた具体的施策の一つとして、全国でも初めての取組である「みんなでタイムラインプロジェクト」を平成28年10月に始動し、マイ・タイムライン（住民一人ひとりの家族構成や生活環境に合わせて、「いつ」「誰が」「何をするのか」をあらかじめ時系列で整理した自分自身の防災行動計画）の作成を減災対策協議会で推進しています。（図表2-26　みんなでタイムラインプロジェクト）

みんなでタイムラインプロジェクトの実施内容

　平成28年度は、常総市内の2地区（若宮戸地区と根新田地区）をモデル地区として、2地区合計で165名の住民の方々に参加していただきマイ・タイムラインの検討を行いました。一口に「住民」と言っても、それぞれで洪水に関する知識も意識もバラバラであるため、検討会は参加された住民の方々に、最後まで興味を持って自分自身のタイムラインを検討してもらえるよ

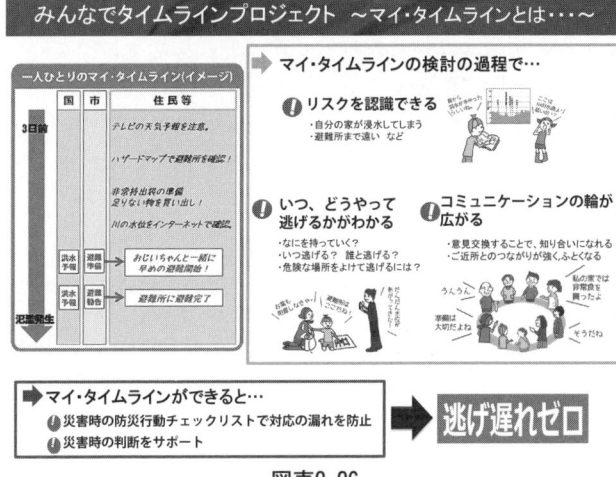

図表2-26

図表2-27

　う、また検討終了後には一定の到達点に達してもらえるように、３つのステップを踏んで行いました。（図表2-27　常総市のモデル地区におけるマイ・タイムライン検討会）

　また、３つのステップに沿って住民の方々が円滑に検討をすすめられるよう、住民一人ひとりに配布する記入式の教材「マイ・タイムラインノート」

を開発し使用しました。マイ・タイムラインノートは、掲載されている内容を確認しながら常用薬などの避難時の必需品や、足が不自由といった自分自身や家族が避難する際に配慮をする点などをノートに沿って記入していくことで、自分自身に必要な防災行動とそれに要する時間が整理でき、最終的にはオリジナルのマイ・タイムラインが作成できるような編集となっています。

　さらに、参加していただいた住民に隣近所のグループに分かれてもらい、住民の中から選んだ進行役の進行の下、グループワーク形式で意見交換する時間を設けました。これにより、例えば、ある住民が「気象情報や河川情報、避難情報など収集するのに不可欠なスマートフォンの充電を半日前に書き込んだ」と発表すると、多くの住民がそれに倣いました。また、別の住民が関東・東北豪雨の経験を踏まえ、「避難開始の一時間前にプロパンガスの元栓を閉めると書き込んだ」と発表したところ、他の住民が自分のマイ・タイムラインにもそれを書き込むといったこともおこりました。一方で、ある住民が「停電すると玄関の電動ゴンドラが使えず、車いすの親を避難させることができない」と発言したところ、近所の住民が「停電した場合は手伝うから声をかけて」と応えるといったこともおこりました。このように、自分一人では気づかないことや地区における課題を共有しつつ進めることが出来ました。（図表2-28　住民の作ったマイ・タイムラインの作成例）

　これらの半年にわたる検討の過程は、記録集に詳録し、減災対策協議会事務局の下館河川事務所ホームページで公開しています。ぜひご覧ください。

　平成29年度は、みんなでタイムラインプロジェクトをさらに拡大させるため、モデル地区での検討事例を基に、「マイ・タイムライン検討の手引き」を取りまとめました。この手引きは防災士、自主防災組織の役員、市町の職員等の地域防災力の向上に取り組む方々を対象に、地区でマイ・タイムラインを作成していく際の留意事項をまとめたものとなっています。また、常総市で実施した洪水時情報伝達演習に、マイ・タイムラインを作成された住民の方々にも参加してもらい、実際にマイ・タイムラインを使用することにより自らの行動と記載した内容を点検する取組も実施しています。

図表2-28

さらに、マイ・タイムラインを小中学校における防災教育にも活用すべく、常総市で行われた平成29年度常総市小中学校一斉学校防災訓練の枠組みにおいて、6校の小中学生にマイ・タイムラインを検討してもらいました。（図表2-29　小学生たちの検討の様子）そして、それらの検討結果等を踏まえ、「逃げキッド」と称する小中学生向けのマイ・タイムライン検討用教材を開発・公開しました。この教材は、マイ・タイムラインノートを厳選し、手軽にマイ・タイムラインの骨格が作成できるツールになっています。

　平成29年度常総市小中学校一斉学校防災訓練におけるマイ・タイムライン検討の過程や「逃げキッド」、さらに「逃げキッドの使い方ガイド」という

動画などを、下館河川事務所のホームページで公開していますのでぜひご活用ください。（図表2-30　逃げキッド）

図表2-29

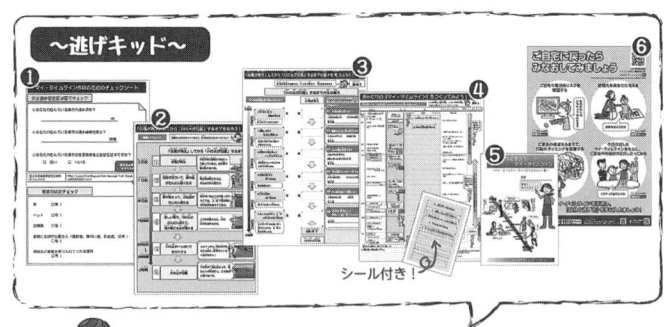

図表2-30

100

おわりに

　常総市でスタートした「みんなでタイムラインプロジェクト」は鬼怒川・小貝川の流域に広がるとともに、全国各地に広がっています。また「逃げキッド」は各地の小中学校で防災教育に活用されるだけでなく、一般の方々のマイ・タイムライン検討においても広く使用されています。

　引き続き、大規模氾濫からの「逃げ遅れゼロ」に向けた取組と水防災意識社会の再構築を進めるため、「逃げキッド」を含めたマイ・タイムラインの検討コンテンツを幅広く活用し、継続的に取り組んでまいります。
今回紹介した取組やその他の減災対策協議会の取組については、関係資料をホームページで公開しています。また、facebook からリアルタイムで情報を発信しています。ぜひご覧ください。

【鬼怒川・小貝川下流域大規模氾濫に関する減災対策協議会 HP】
http://www.ktr.mlit.go.jp/shimodate/shimodate00211.html
【みんなでタイムラインプロジェクト HP】
http://www.ktr.mlit.go.jp/shimodate/shimodate00285.html
【下館河川事務所 facebook】
https://www.facebook.com/shimodatekasen/

(3) 防災教育の取組

狩野川の防災・河川環境教育への取組

静岡県伊豆市立熊坂小学校　校長　勝呂　義弥

1　狩野川台風の記憶をつなぐ取組

　熊坂小学校は、昭和33年の「狩野川台風」により、大きな災害がもたらされた熊坂地区を学区としています。狩野川の氾濫により、当時の修善寺町熊坂地区は、甚大な被害を受け、本校でも、児童78人、教員2人の尊い生命が奪われました。この記憶を未来につなぐ重要な行事として

図表2-31　「友愛の碑」に献花する児童

毎年、狩野川台風襲来の日の9月26日に「狩野川台風に学ぶ会」を実施しています。この会は、平成元年から今日まで継承されてきています。犠牲になられた方の冥福を祈り、復興への努力について学ぶことを通して、郷土の発展と防災、命を大切に日々生きようとする気持ちをもつことを目的とし、体験者を招き、当時の被害の大きさや恐ろしさについて学ぶものです。同時に、児童は、校内に設置された「友愛の碑（亡くなった児童・教師の名が刻まれた札が納められている）」や狩野川公園の「慰霊碑」に献花を行います。また、本校では、総合的な学習の時間に「狩野川」をテーマに、調べ学習を行っています。各学年は、「狩野川」を通して自然・地域・産業・防災等を発達段階に応じて、年間を通して追究しています。

　しかし、「狩野川台風の学び」も、史実に視点がおかれ、「昔、こんな大変なことがあった」「当時の人は悲しい思いをした」というように、知識としての学びはあるものの、児童にとっては他人事になり、この学習によって危機意識・防災意識は醸成されていないことを感じました。

2　国土交通省沼津河川国道事務所との連携

　児童は、「狩野川台風に学ぶ会」を継承しつつ、総合的な学習においても「狩野川について」学習しているものの、いつ起こるか分からない災害に対しての危機意識への高まりを感じられないのが現状です。そのような折、平成28年度から、国土交通省沼津河川国道事務所と狩野川流域の7市町でつくる「狩野川台風の記憶をつなぐ会」が、流域の小学校と連携して「防災・河川環境教育」に取り組むこととなりました。今までの講義形式の出前授業では、防災意識を広く伝え、高めることは困難であるとのことから、教材や資料を提供し、教員が通常授業の中で「防災・河川教育」を行うことで課題解決を図ろうとしました。本校においても「狩野川台風の学習」と各教科や領域等と関連させることにより、本校独自の有効な防災教育を実践したいという課題をもっていたところでした。互いの思いが合致し、これを契機に「防災教育のカリキュラム・マネジメント」の下、様々な活動と防災教育の有機的関連を図った指導を展開したいと考え、以下の仮説を設定しました。

> 防災教育を行事や総合的な学習等の領域の中で扱うだけでなく、横断的に、且つ、各教科と有機的関連を図ることで、より有効な防災教育（子ども自らが情報収集・発見し、周囲に起こりうる危険を回避する力を身に付けること）を実践することができるであろう。

　仮説検証のため、4年社会科授業において、単元「住みよいくらしをつくる」の内容に加え、水害及び狩野川台風について学ぶ要素を入れることで、より有効な防災教育を実践したいと考えました。この授業を実践するにあたっては、本校教員と河川事務所職員と以下の学びの視点を共有しました。

【学びの視点】

① 　一方的に情報を与え、マニュアルに沿った行動を身に付けるのではなく、児童自らが情報を収集・発見し、起こり得る危険を想像する力を育成する。

② 　起こり得る危険を回避するため、状況に応じた自助・共助の行動を取る判断力を育成する。

③ 　「自然の脅威」ばかり伝えると、自然そのものを恐怖の対象とみなしてしまうことが危惧されるため、自然の恩恵を受けていることも同時に伝える。

3　実際の授業　「４年社会科　単元『住みよいくらしをつくる』の実践」

河川事務所との事前打ち合わせでは、児童に提示する教材や指導案について何度も話し合いを重ね、児童の目線に合った教材や本時の目標に迫る発問等が用意されました。社会科の授業にとって資料ほど重要なものはありません。狩野川の増水時に狩野川放水路から実際に放水している様子の写真や動画、ドローンを使った上空からの川や橋の様子を撮影した動画など、学校では作ることのできない教材が何よりも魅力であり、授業の強みになりました。

図表2-32　動画「みんなで守る狩野川」を視聴する児童

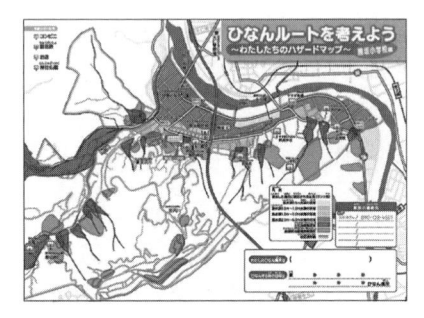

図表2-33　児童向け　簡易ハザードマップ

小単元「水はどこから」の構成として、全11時間のうち６時間を「狩野川の水害・河川教育について」扱いました。目標となる学習課題が自分にとって切実なものでなければ，児童の学習意欲は高まりません。そこで、児童が危機感をもてるよう熊坂学区の「ハザードマップ」の作成を国土交通省沼津河川国道事務所に依頼しました。

実際に水害が起きたことを想定し、避難経路について考えました。児童の危機意識の高まりを感じた場面は、ハザードマップと水位を伝える実物大模型を活用した時のことでした。今まで「狩野川台風は過去の惨事」「他人事」と考えていた児童の表情が一変し

図表2-34　水位を伝える実物大模型で学ぶ児童

ました。「わたしの家は、狩野川が氾濫すると3メートルも水に浸かっちゃうよ。」などのつぶやきが、あちらこちらから聞こえてきました。ハザードマップによって自分の家や避難所の位置と水没区域とが一目瞭然となり、「自分事」として捉えることができたことから、さらに意欲的に学習に取り組む姿が見られました。また、実物大の水没模型を併せて活用することで、水の恐ろしさをより実感することができ、とても効果的でした。

　この国土交通省沼津河川国道事務所との連携による「防災・河川環境教育」によって、気象庁・静岡地方気象台とも連携可能な環境ができました。同時期に気象庁による「気象予報士等を活用した地方公共団体における気象情報活用支援モデル事業」により気象予報士が伊豆市に派遣されていたこともあり、気象予報士をゲストティーチャーとして招聘し、理科の授業でも防災教育に係る内容を学習することができました。5年理科において、単元「台風と天気の変化」の内容に加え、水害について学び、「大雨時の情報収集・分析・解析について」「伊豆地方の月平均の降水量と全国との比較」「台風の進路予報とその精度」等について理解を深めることができました。

4　成果

　防災の内容を組み入れた教科の中では、水害の恐ろしさ、狩野川台風の凄さ、放水路の必要性など、「狩野川台風に学ぶ会」や訓練からは得られない防災に対する危機意識の高まりと質の高い学びが見られました。また、保護者からは、「防災への意識が強くなったことは良かった。家族でも、定期的に話をして家族全体で防災意識を高める良いきっかけになった。」などの声が寄せられ、家庭・地域にも防災意識を広げることもできました。今回の実践による児童の変容について保護者にアンケートを実施し、以下の回答を得ました。

【児童の行動で変化したことは？】
・天気予報を見るようになった（49%）
・家族と天気やニュースを題材に話をするようになった（33%）
・地域行事に進んで参加するようになった（12%）
・水を大切にするようになった（25%）
【学習の後、家族で行った行動は？】

・家族で避難場所や避難ルートを確認した（46%）
・ハザードマップを確認した（34%）
・備蓄用品の準備、備蓄内容を確認した（18%）
・災害が起きた時の連絡方法を確認した（19%）

（％は全回答者数に対しての割合）

　約半数の児童が天気予報を見るようになったこと、家族で避難経路を確認したことから、水害に備えて情報を得ることの重要性を学んだことが伺えます。

5　課題

　本校の教育活動全体を見渡すと、防災に関する教育活動は様々な場面に多く散在しています。今回、教科において、社会科・理科の一単元だけの実践でしたが、さらに防災の視点を生かせる教科・領域を整理し、拡充していきたいと考えています。児童が様々な危険から自らの生命を守るために主体的に行動する態度の育成や、安全で安心な社会づくりに貢献する意識を高めることが、次期学習指導要領でも求められています。限られた時間の中で、より効果的に防災教育を展開するには、さらなる「防災教育のカリキュラム・マネジメント（横断的に各教科・領域と有機的関連を図る）」の実現を追求していかなければなりません。

地域防災力の核となる人材育成を目指す防災学習の取組

鹿児島県さつま町建設課長　小永田　浩

1．はじめに

さつま町は、鹿児島県の北西部、北薩地域の中心部に位置し、町の北部に紫尾山（標高1,067ｍ）があり、ここから分岐する山々に囲まれた盆地で、東西27.3㎞、南北22㎞の範囲におよび、総面積は303.90㎢になります。また、町のほぼ中心を南九州一の大河である川内川が貫流しており、田園や緑豊かな森林、小川のせせらぎや温泉など自然あふれる町であります。

平成18年7月18日から23日にかけて薩摩地方北部を中心に発生した「鹿児島県北部豪雨災害」は、降り始めからの総雨量が1,000㎜を超える記録的な大雨となり、水位観測所では、川内川流域内の15観測所中11観測所で既往最高水位を上回り、7観測所において計画高水位を超える水位を観測しました。

この豪雨により、さつま町では939戸の家屋が浸水し、237名の方が自衛隊や消防団に救助されています。

国土交通省九州地方整備局川内川河川事務所では、平成18年度より河川激甚災害対策特別緊急事業（以下、激特事業という）に着手し、平成２３年度末で事業完了をしております。激特事業が完了し、一定の安全安心が確保されたことによる、地域住民の防災意識の低下が懸念されました。そのため、今こそ、油断せずに将来の水害に備える必要があると考えました。

一方、東日本大震災では、防災施設の整備目標を超える津波襲来時、防災教育を受けた小学生が自らの判断で避難行動を始め、自助・共助を実現しています。このことは、今後起こりえる自然災害への備えとして、住民一人一人の防災意識の向上は必須の課題であり、その課題に対

図表2-35　平成18年7月洪水被害状況写真（虎居地区）

して学校教育が果たす役割は大きいことを認識させるものでした。

そこで、さつま町と川内川河川事務所（行政）、さつま町立盈進小学校（教育現場）、鹿児島大学（教育・研究機関）が連携し、学校教育の指導や教科で取り扱うことが可能な「川内川水防災河川学習プログラム」を作成しました。

2．学習プログラムの概要

「川内川水防災河川学習プログラム」（以下、学習プログラムという）は、文部科学省「学習指導要領」及び川内川流域の多くの小学校で使用されている教科書の内容に沿って、児童の発達段階、教科のねらいに応じた水防災の内容を織り込んでおり、水防災に関する知識を小学校の教育課程を通じて蓄積できるように、行政、教育機関及び大学が連携し作成しています。

1）台風と天気の変化（理科）

さつま町や川内川における事例を通じて、台風による天気の変化と災害に興味を持ち、台風の進路や天気の変化をテレビや新聞、インターネット等で調べ、雲写真やアメダスの情報から、時間の経過によって変化する台風進路の特徴や天気の変化を学び、台風による災害、情報活用の大切さに気づき、台風に対する備えについて考え、災害時の危険予測に活用する能力を育てることを目標としています。

川内川を含む九州各地に被害をもたらした平成17年台風14号による被害写真や、その進路、接近に伴う雲や雨の変化の様子などを学習の教材に取り入れています。また、台風の影響による鶴田ダム水位上昇写真を使用し、水力による発電や水不足の解消等「台風がもたらす恵み」や、「台風とともに暮らす工夫」として、鹿児島県薩摩川内市の甑島の家屋の特徴（玉石垣を築き、屋敷地面を下げて風を防いでいる）についても学ぶことができるようになっています。

2）流れる水の働き（理科）

川内川を題材として、流水の働き（浸食・運搬・堆積）について、実験結果と自然現象を関連付けて理解させるとともに、水害のおこるメカニズ

ムの理解を通じて水害の危険予測について関心を高めることを目標としています。

　実際の河川が土地の様子を変化させていることの理解を補助するツールとして、川内川流域の３Ｄ映像、立体地図、水害時の写真やＶＴＲなどを、また災害を防ぐ工夫として、川内川の激特事業の内容などの資料やデータを教材として活用しています。また、実感、体感を伴っ

図表2-36　「流れる水の働き」における教材の例（実際の石での教材）

た理解につながるよう川内川の上中下流の実際の石を教材として活用しており、さらに流水の働きと土地の傾きや水の量、湾曲との関係を実験で再現する流水実験器具も作成しています。

３）自然災害を防ぐ（社会）

　日本の風水害の発生状況や防災・減災の取組を学ぶにあたり、身近な川内川を事例として、国や県、市町村の取組について調べることを通し、自然災害が起こりやすい日本においては、一人一人が防災意識を高める必要があることに気づき、公助だけでなく自助や共助も重要であることを考えさせることを目標としています。

　東日本大震災における被害状況写真や釜石小学校の児童の行動、平成18年洪水における被害状況写真や避難者・救助者の声、洪水の体験ＶＴＲ等を教材として活用しています。これらによって、さつま町では多くの人が自衛隊や消防に救助された一方で、釜石小学校では全員が無事で救助者も０名であったのはなぜかということを考えさせ、自分の身を自分で守ること（自助）や避難訓練などを行い共に助け合うこと（共助）の大切さや、さつま町防災マップやハザードマップ等を活用して自宅周辺等の災害リスクの存在や避難場所等を確認するなど、自分たちが自然災害に備えて何をしなければならないかということを知ることができるようにしています。

この学習プログラムは上記に記載した３軸のほか、各学年、各教科におい

てワンポイントで水防災について学習することができる教材・ワークシートを作成しており、学校行事や避難訓練、総合的な学習の時間等においても活用可能となっています。

また、データや教材はDVDに収録しており、盈進小学校で行った試行授業の様子をまとめたダイジェスト映像もあることか

図表2-37　授業風景写真

ら、初めて学習プログラムを開いた先生でもすぐに授業ができるよう工夫しています。

3．さつま町や川内川河川事務所等の取組

　水防災学習で学んだ知識を、いざという時に行動に移すことが重要です。そのためには、避難訓練等の実践が必要ですが、小学校だけで十分な時間と機会を確保するのは困難です。また、水防災の学習を進めることで、川は怖くて近寄り難いものとの印象を与え、河川に対する親しみを失わせ、河川から児童を過度に遠ざけることにならないよう注意が必要です。これらの課題に対してさつま町・盈進小学校・川内川河川事務所では以下のような取組も行っています。

1）さつま町内における水防災学習プログラムの拡充

　今後、さつま町内で増加が予想される複式学級においても対応可能となるように、複式学級でも活用可能なプログラムを川内川河川事務所やさつま町立の小学校、鹿児島大学と連携・協力し開発しました。

　複式学級の授業は，教師が一方の学年に指導する「直接指導」と、その間、もう一方の学年が児童だけで学習を進めていく「間接指導」の組み合わせによる指導が基本となっています。これにより、平成27年度からさつま町内の全小学校（9校）で、本学習プログラムを用いた水防災学習を実施中です。

2）地域の防災訓練への参加や地域防災計画への位置づけ

　平成25年5月に実施された、さつま町一斉防災訓練において、地域からの呼びかけにより盈進小学校の児童も参加しました。訓練後に避難所で実施した児童と大人との対面式による反省会では、大人から児童に災害経験を伝え、児童から大人へは授業で学んだ、釜石市の子供たちの例（参加児童の言葉：災害発生時に親がいなくても、自分の身は自分で守る大切さを思い出した、小さい子の手を引いて逃げたい）などの自助・共助の重要性を伝えるなど、単に訓練に参加しただけにとどまらない効果も期待されました。このようなことが継続的に実施されるよう形式知化する仕組みとして、平成26年度から本学習プログラムをさつま町の地域防災計画に位置付けております。

3）身近な川内川を学習の場として活用

　盈進小学校においては、平成25年度から校内持久走大会を激特事業により整備された河川敷で実施するなど、学習、学校行事の場として川内川を活用し、持久走大会において、実際の川内川の内岸、外岸の違い、川原の石の様子などを観察しています。また、橋脚に設置されている水位危険度レベルなどの見学も行い、地域防災についての理解を深める学習を行っています。

4）学習発表会での保護者へ向けての発表

　さつま町立流水小学校の学習発表会では、理科の単元「台風と天気の変化」を学習した5年生の児童が、自分たちの住む地域は台風銀座と呼ばれるほど台風が多いことや、身を守るための防災情報の入手方法等を自分たちの言葉で、保護者や地域の方々に発表する取組も行っています。

5）NPO団体（河川協力団体）の取組

　さつま町のNPO団体「ひっとべ！奥さつま探検隊」（河川協力団体）は学習プログラムをもとに、集落単位での出前学習講座を実施しており、班別に分かれ、平成18年洪水を振り返り、危険と感じた場所や体験、避難方法などを話し合い、ハザードマップを作成するなど、子供だけでなく大人への防災教育を通じ、地域の防災力向上を目指す取組も行われていま

す。

4．おわりに

　現在、本町の取組を参考に、更なる取組として、学習プログラムの検討会メンバーにより、川内川流域全市町村へ展開する動きが始まっています。このような取組によって、自ら危険な状況を認識でき、避難行動ができる人材が育成し、地域防災力が向上することが最も大切なことだと考えております。

⑷　わが家の防災コンテストの取組

ふくいの水防災を考える会

1．背景

　福井県に大きな被害をもたらした「福井豪雨（平成16年7月）」から10年という節目の年に、各行政機関が連携して啓発事業を実施することを目的に、平成26年6月に「福井豪雨から10年　ふくいの水防災を考える会」を立ち上げました。構成機関は、国土交通省近畿地方整備局（福井河川国道事務所、足羽川ダム工事事務所、九頭竜川ダム統合管理事務所）、福井地方気象台、福井県、福井市、鯖江市、あわら市、小浜市、坂井市、若狭町、池田町です。全国で自然災害による被害が後を絶たない中、県民が自然災害の危険性を再認識して、福井豪雨の記憶を風化させないために、災害が起こった場合にどう行動するかを考える機会となるよう、水害に対しての防災・減災の意識を喚起するための広報活動を行うことを目的としています。

　その取組のひとつとして、子供の目線で防災を考えるコンテストを実施し、その内容を広く一般に周知することにより、防災と減災への意識向上を図ることとしました。

　県内の小学生とその家族を対象とした「わが家の防災コンテスト」は、災害時に具体的にどのように避難するかを「家族で考え、行動し、確認する」ことで防災意識を高めてもらうために実施して、平成29年度で4回目を迎えます。家族と一緒にハザードマップの確認や地域の危険箇所・避難場所、道路・用水路の状況などを調べ、災害時における家族の約束事や気づいたことを、画用紙で「防災マップ作品」としてまとめてもらいます。

2．募集方法

　募集チラシを作成し、教育委員会を通じてチラシを全小学校に配布したほか、新聞広告の掲載やテレビ、ラジオの各種広報により広く応募を呼びかけ認知度向上に努めました。また、ふくいの水防災を考える会を構成する国、県、7市町から管内の小学校に対して本企画の説明、参加の呼びかけも行いました。

3．審査会と表彰式

審査では、①子どもの視点に立った防災、②家族みんなで考えた作品、③身の回りを考えた作品、④家族が実際に行動した経験に基づく作品、⑤作り方の工夫の5点を審査基準に、最優秀賞1点を含む30数点を選考しました。表

図表2-38　最優秀賞者に対する表彰

彰式では、最優秀賞作品の児童から、マップ作りに取り組んで分かったことなどを発表していただきました。会場には、入賞作品とともに福井豪雨の被害の様子を記録した写真パネルを展示したほか、福井地方気象台による竜巻や雲を発生さ

図表2-39　最優秀賞作品

せる実験コーナーを開設しました。表彰式終了後には、防災についてより知識を深めてもらう「なるほど！防災教室」を開催し、洪水や地震が起きた時の対処法を学んでいただくなど、単なる表彰式ではなく、参加者の防災意識向上にもつなげる企画としています。表彰式の様子は、地元マスコミでも報道されました。

4．入賞作品の発表

「災害時の備えと次への行動」の必要性・重要性を読者の親子に意識づけ、県民への防災意識を喚起するため、コンテストの審査結果や入賞全作品、防災教室の様子等について地元新聞で広報しました。上位作品については、児童の感想を紹介するとともに、審査員による審査講評や、作品の評価された点や家族で留意した点などを読み手に分かりやすく掲載しました。ま

た作品集は県内の全小学校に配布し、コンテストの啓発や防災意識の醸成などに活用しました。表彰式の様子や、入賞作品についてメディア掲載することによって、次回に向けた認知度向上とともに、応募のモチベーション向上も期待しています。

5．4年間の応募推移

　「わが家のぼうさいコンテスト」の4年間の累計応募数は743点で、認知度は確実に上がっています。平成28年3月には国と県、県内6市町でつくった「九頭竜川・北川減災対策協議会」において防災教育を拡充するためのソフト対策として本コンテストを位置付け、今後の更なる活動拡大への期待をしています。

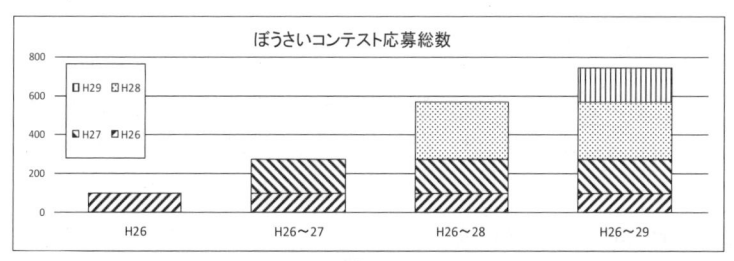

図表2-40

　4年間の取組を経て、応募作品全体のレベルは年々向上しており、内容が充実した作品が増え、入選者の選定にも苦慮する様子もみられました。上位作品は、実際に避難所まで足を運び、そこで得られた情報を整理するなど、地図に落とし込むまでのプロセスが特に優れています。防災マップ作りを機に"わが家"の課題を洗い出し、自身での調査を行うとともに、必要に応じて警察・消防への取材も行い課題を一つずつ解決しています。また災害時に持ち出す非常袋の再点検や自宅以外で災害が起こったときの対応を検証するなど、想像力を働かせた具体的な対策が練られている作品が年々多く見られるようになりました。

　子どもたちからは「普段は気づかなかった危険な場所も、実際に避難訓練したことで発見できた」「いざという時に、家族や近所の人とも協力し合い、安全確実に避難できるようにしたい」との声がありました。体験的かつ能動的にマップ作成に取り組むことで、地域の防災に関する知識が身につき、危

機意識が高まったことがうかがえます。また、マップ作成に際し家族で話し合うことから、児童だけでなくその保護者の防災意識向上につながるきっかけとしても効果があります。

6. 取組を進める上での工夫

コンテストへの応募数を増やす工夫として、小学生向けの防災補助教材を作成・発行しました。福井豪雨や平成25年の嶺南豪雨の被害状況を写真を織り交ぜながら、「水害」「土砂災害」「地震」「津波」「竜巻」に分けて、対応策を分かりやすく解説しました。家族での事前の話し合いの重要性やハザードマップの説明、防災コンテストにもつながる防災マップの作り方、防災クイズ等で構成しています。この補助教材は、県内の全小学校や「ふくいの水防災を考える会」の構成機関に配布しています。発行後、一部の学校や行政の防災機関から「とても分かりやすい」「水害対策や土砂災害対策など幅広く紹介されている」との評価を受けています。また、県内の各小学校へ出向き、上記補助教材などを活用しながら防災出前教室を実施しました。防災教室を実施した小学校から、同コンテストへの作品応募があるなど、学習（出前授業）と実践（マップ作成）の両輪による防災教育の強化に努めています。

防災マップ作りは、災害の基礎知識や過去の事例・教訓の下調べに始ま

図表2-41　小学生向けの防災補助教材

116

り、避難場所の確認、実際の検証、分からないことを再度調べ、取り組んで分かった事や家族で話し合ったことをまとめて、作品を完成させるまでに長い時間を要します。そのため夏休みの課題として取り組んでもらえるよう募集時期を工夫しています。また必要に応じて直接、校長先生や教頭先生にコンテストの企画説明や参加呼びかけも実施しています。

7．おわりに

　本コンテストの更なる拡充により、県全体のさらなる防災意識の向上を目指すため、防災マップ作りのための手引書など作成支援ツールの用意など、今後一層の活性化に向けた活動を展開してまいります。

⑸ 最上川中流における「まるごと・まちごとハザードマップ」の取組について

山形県大蔵村危機管理室長　佐藤　利男

○はじめに

　大蔵村の中心を流れる母なる川「最上川」は、時に暴れ川になり、洪水や土砂崩れ、道路の寸断、集落の孤立等、甚大な被害をもたらしてきました。特に、昭和44年8月洪水、平成9年6月洪水、平成25年7月洪水は、今でも私たちの記憶に深く刻まれています。

図表2-42　平成9年6月洪水時の烏川地区

　当村の『烏川地区』は、最上川の中流部に位置しており、月山を源流とする銅山川が最上川と合流する地点にあり、これまでに幾度となく洪水被害を受けてきました。

　『最上川中流大規模氾濫時の減災対策協議会（国・県・市町村で構成）』において、地域が主体となった「まるごと・まちごとハザードマップ」の取組が決定された際に、当村としてはこの『烏川地区』を迷わず実施箇所に選定しました。

○取組について

　この活動は、国・自治体・地域住民が一体となって行いましたが、住民が自ら考えて行動することを活動目標としました。

　地域防災力を向上させるためにも参加する住民は、役場サイドで選定するのではなく、興味や関心を持った人達が集まれるように、地区の役

図表2-43　ワーキングの様子

員の方々から災害経験者を主に声をかけてもらったところ、20人前後の有志が集まりました。

　平成28年10月27日に、烏川地区公民館において、第1回ワーキングを開催しました。

　出席者は、烏川地区住民、新庄河川事務所、大蔵村役場（地域整備課長・危機管理室長）です。

　始めに、「最上川中流大規模氾濫時の減災対策協議会」で策定された「取組方針」を説明しました。

　そして、河川事務所から提示された「浸水想定最大範囲」を基に「まるごと・まちごとハザードマップ」を作成する活動について提案し、協力を求めました。

○実践と工夫

　最上川中流管内では、浸水想定最大規模（Ｌ２）を取り込んだ「まるごと・まちごとハザードマップ」の実施は、この「烏川地区」が初めてとなります。

　平成28年12月15日の第2回ワーキングでは、2班に分かれて「地区ハザードマップ」に掲載すべき内容や標識設置箇所とデザインを話し合いました。

　大きな浸水想定区域図を机上に置き、地図上に地区住民が気づいた意見を付箋紙に書いて貼り付けるという手法をとりました。

【意見の例】
　ア、過去における洪水の最大痕跡水位の範囲を残したい。
　イ、地区内での避難路は、生活用道路がいい。
　ウ、標識は地区内の中央を通るメイン道路に設置するといい。
　エ、地図に記載する文字はできる限り大きく、図を多用した方がいい。
　オ、冠水する恐れがある道路をマップに表示して欲しい。

　このように、地区の状況に詳しい参加者からの貴重な意見を地図上に可視化することで、関係者間での情報共有が図られ、活発な討議が出来ました。

　地区住民の意見を集約して、

　①過去の洪水による浸水範囲を周知させるために、地区住民から過去の洪

図表2-44　討議の様子　　　　図表2-45　地図上に可視化した意見

水写真を提供してもらい地区ハザードマップに掲載すること

　②避難場所への案内表示標識だけでなく想定最大の浸水範囲や過去の洪水痕跡も標識として設置すること

　③避難に役立つ情報（水位・雨量・気象・洪水情報の入手方法・避難時の携行品など）も『地区ハザードマップ』に加えることなどを話し合い、デザインや設置場所についても具体的に検討しました。

　平成28年12月19日の第３回ワーキングでは、前回までの意見を反映した「地区ハザードマップ（案）」を提示し、確認しました。

　そして、実際に地区内を歩いて標識の設置箇所やデザインを確認しました。

○成果と課題

　３回のワーキングを終え、活動の中で住民の方の反応などから得られたことについて、とりまとめました。その結果、地区住民の意見や知恵がマップに集結され、過去の洪水痕跡情報を集約した独自の「地区ハザードマップ」を作ることが出来ました。

　このマップは、その地域に特化した情報が盛り込まれ、実際に使ってもらえるツールの一つになったと思います。さらには、国・自治体・地域住民が一体となった活動となり、目標である「地域防災力向上」のきっかけをつくることができたと思います。

　このようにワーキングを通しての成果が、「烏川地区ハザードマップ」の完成となり、平成29年４月に地区代表を通して全戸へ配布されました。

　さらに標識を設置したことで、今回参加しない住民の関心も集まり、「地

図表2-46　完成した地区ハザードマップ

区の方が気にして見ているよ」と地区代表から連絡あり、防災意識が地区全体へと広がっていることを感じました。「烏川地区ハザードマップ」は、各家庭でも家族がよく見えるところに掲示され、防災意識の向上に寄与していると考えます。

　写真のように、「まるまち標識（水害関連標識）」原案を仮設置し、住民の方々に設置箇所などを現地確認してもらい、想定される浸水範囲や浸水深を身近に感じてもらう機会をつくることができました。また、過去の洪水痕跡水位を標識で示すことで、洪水時の記憶を呼び起こし、子供や孫へ具体的に示して伝えるきっかけをつくることができたと思います。標識については、電柱を管理しているＮＴＴや東北電力に表示の許可申請を行い、取り付けが完了しています。

　その他、地区公民館近くの堤防沿いからでも見える場所に、「地区ハザードマップ」を大きく取り付けて欲しいという要望を受けて、消防ポンプ小屋の側面に取り付けました。

　また、烏川大橋の橋脚には、地区住民から強い要望のありまし

図表2-47　水害関連標識原案の仮設置状況

た、河川水位の危険度レベルを示す量水標を、道路からも見えやすいように河川事務所より設置していただきました。

このような関係機関や住民同士が安全・安心を確保する取組は、「自助・公助・共助」の始まりと継続につながっていくと思います。

また、地域特性を踏まえた「地区版ハザードマップ」は、被災時の体験談や実際に不安となる要素を取り入れることで、より身近に感じられ、災害時には役立つものになると実感しました。

図表2-48　地区ハザードマップの設置状況

図表2-49　河川水位の危険度レベルの表示

ワーキングを通して、地区住民の貴重な体験談を聞いたり、提供写真を実際に見せていただいたりしましたが、災害体験者が減少し、水害意識が低下しつつある現代において、水害に関する意識を後世へいかに伝承していくかが課題だと考えます。このような活動を今回だけにとどめず、定期的に見直して確認していくことが必要と考えます。

○おわりに

以上の取組と実践は、地域の声や地区の意向を踏まえ、順次計画的に実施する予定であり、今後は清水地区での取組を予定しています。

また、今回はじめてこの取組を行いましたが、地域の安全・安心を守るためには、『地域住民と村・県・国で情報を共有し実践する』ことが、私たち防災担当の役割であると痛感しました。

⑹　三条市におけるブラインド型水害対応訓練の取組について

新潟県三条市総務部行政課防災対策室主任　谷間　陵雲

■はじめに

　三条市は新潟県の中央部に位置し、全国有数の高い技術力を有する「ものづくりのまち」として知られています。

　日本一の大河「信濃川」とその支流である清流「五十嵐川」の合流点に拓けたまちであり、これらの河川は肥沃な土壌を育て、河川交易により文化や産業に繁栄をもたらしてきました。

■平成16年７月新潟・福島豪雨災害

　平成16年７月13日、新潟県中越地区を中心に集中豪雨が襲いました。三条市での累計雨量は491㎜を記録し、五十嵐川の他６河川11か所の破堤により市街地が浸水した他、がけ崩れも多発し、死者９人、被災世帯7,511世帯と甚大な被害が生じました。当時の三条市は災害対策本部が大きく混乱し、情報伝達体制の不備によって住民に避難情報を迅速に伝えることができなかったり、災害時要援護者を含む住民の避難を円滑に行うことができなかったりと、様々な課題が浮き彫りとなりました。

　当時は災害の様態が刻一刻と変化し、住民からの問合せや救助要請、国や県等の関係機関からの情報等、様々な情報が錯綜する中、職員が自らの役割やとるべき行動を理解しておらず、災害対応に大きな混乱が発生しました。

■「災害対応マニュアル」の作成

　平成16年の豪雨災害の経験を教訓とし、いざという時に細かな指示がなくても各職員が主体的に行動し、迅速に公助の災害対応体制に移行するため、市が取り組むべ

図表2-50　平成16年７月新潟・福島豪雨災害発生時の市街地の様子

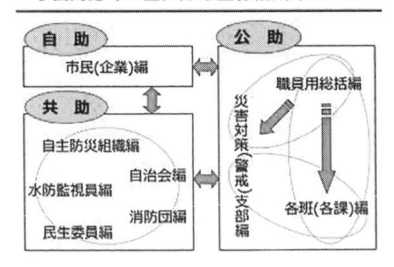

水害対応マニュアルの全体構成イメージ

- **自助**
  - 市民(企業)編
- **共助**
  - 自主防災組織編
  - 水防監視員編
  - 自治会編
  - 消防団編
  - 民生委員編
- **公助**
  - 職員用総括編
  - 災害対策(警戒)支部編
  - 各班(各課)編

図表2-51　水害対応マニュアルの全体
　　　　　構成イメージ

き「3時間以内」「24時間以内」「5日又は3日以内」の目標任務を明らかにするとともに、「誰が」「何を」行うという視点での「災害対応マニュアル」（水害及び震災対応）を作成しました。マニュアルは策定した後は誰も見なくなり、現実とかい離したものとなってしまいがちですが、「誰が」「何を」ということを具体的に定めることで職員の人事異動の度に必然的に改訂が生じ、その都度内容を確認することで劣化を防いでいます。

　また、公助の対応マニュアルの他に自助、共助の基本的役割を示した市民や自治会等に向けたマニュアルも作成し、その実効性を担保するため、毎年出水期前に全ての自治会長、民生委員児童委員、自主防災組織代表者が参加する研修会を開催し、それぞれの役割やとるべき行動等について説明しています。

■水害対応マニュアル検証型総合防災訓練の実施

　マニュアルを策定した平成17年からは、マニュアルの実効性を検証するための訓練（水害対応総合防災訓練）を毎年実施することとしました。この訓練は、主な参加者である市の職員にも訓練の進行やシナリオを知らせないブラインド型で行います。防災担当職員が作成したシナリオを基に随時発信される様々な被害発生や災害の進展に関する情報に対し、マニュアルに沿って災害対策本部や避難所の設置・運営、また、避難勧告等の発令に合わせて実際に住民へ避難を呼びかけるな

図表2-52　三条市水害対応総合防災訓
　　　　　練の様子

ど、平成16年の水害を想定した訓練で、毎年出水期前の６月に実施しています。

　平成16年の水害以降に取り組んだマニュアルの策定と併せて水害対応総合防災訓練を毎年実施したことで、平成23年に発生した新潟・福島豪雨災害の際には、平成16年をはるかに上回る降雨量でしたが、ハード、ソフト両面での対策が功を奏し、被害を最小限にとどめることができ、当市の災害対応力は当時と比べて高まったと自負していました。

■信濃川下流河川事務所との水害対応合同訓練の実施

　そのような折、平成27年９月の関東・東北豪雨による鬼怒川の大洪水を受け、平成28年３月に信濃川下流河川事務所の所長から、情報伝達訓練だけではなく、河川管理者である河川事務所と市が同じ会場に集まり、同じシナリオに対してそれぞれが災害対応を行うブラインド型の合同訓練の実施について申し出をいただきました。

　訓練は、シナリオの作成から当日の進行に至るまで、全て河川事務所が行う当市にとっては完全なブラインド状態の中で行われ、「河川からの越水により排水ポンプに電気を送る変電所が浸水」など、当市の訓練ではこれまでに想定したことのない情報が次々と寄せられた結果、災害対策本部が浮き足立ってしまう事態となりました。

　平成16年の災害で大きな課題となった、情報伝達体制の強化や職員の災害対応力の向上については、これまでの災害対応マニュアルの確認、改善や職員のとるべき行動の定着を目的としてある意味で意図的に定型化した訓練の

図表2-53　信濃川下流河川事務所・三条市　水害対応
合同訓練の様子（平成28年度実施）

反復により一定の効果を上げてきましたが、一方で「想定外」が前提となる災害対応の能力を高めるという意味では、まだ十分ではないことをこの訓練を通して痛感したところです。

■更なる防災力の強化を目指した訓練の実施

　河川事務所との合同訓練での経験を踏まえ、平成29年の訓練では、情報伝達体制をはじめとしたマニュアル検証型という従前からの内容は残しつつも、マニュアルでは対応できない「想定外」の事象への臨機応変な対応力を養うための訓練に見直すこととしました。

　しかし、同じ災害を経験し、これまで10年以上も同じ訓練に取り組んできたいわば同じ文化を持つ職員が「想定外」を想定するということは容易なことではありません。そこで、これまでのように防災担当職員がシナリオを作成するのではなく、外部委託により第三者の視点を反映した新たなシナリオによる訓練を実施することとしました。

　その結果、これまで想定していなかった事態の発生により、結果として避難情報の発令に支障を来たすなど、従来は発見できなかった課題を見つけ出すことができました。

　また、各業務に対するシナリオの数を増やしたことで、迅速な判断、対応が連続して求められる災害時と同様の負荷と緊張感の中で職員全体が訓練を実施することができました。

　これらの取組によって当市の訓練の質は徐々に高まっていると考えていますが、災害時に発生する対応は無数にあります。

　今後も支援物資の仕分けや、庁舎の電源が喪失した場合の復旧の具体的な手順など、災害対応全般に重大な影響を及ぼしかねない個々の対応についても訓練を実施し、いざという事態に備えてまいりたいと考えています。

(7)　実践的な避難訓練の取組～平成28年度北九州市総合防災訓練

福岡県北九州市危機管理室危機管理課　川崎　優介

1　訓練背景及び趣旨

近年の洪水・内水・高潮により、これまでの想定を超える浸水被害が多発している状況を受け、平成27年5月に水防法の改正が行われました。この改正により、従前の浸水想定区域が見直され、想定し得る最大規模の降雨を前提とした区域に拡充されました。

福岡県の筑豊地方から北九州市・中間市・遠賀郡を流れる一級

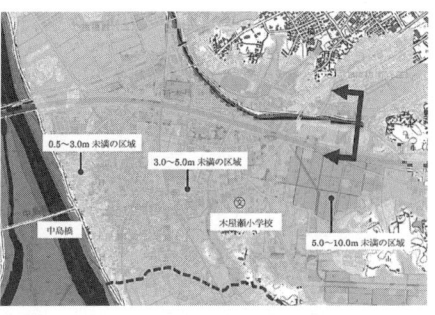

図表2-54　北九州市八幡西区木屋瀬地域の洪水浸水想定区域図

河川「遠賀川水系遠賀川」においても、平成28年5月に新たな洪水浸水想定区域が国土交通省から公表されました。北九州市内には他に、支流の「遠賀川水系笹尾川」・「遠賀川水系黒川」があり、これらの河川に面している北九州市八幡西区木屋瀬地域において、広範囲にわたって浸水することが想定されています。

このような状況をふまえ、平成28年度北九州市総合防災訓練では、浸水想定区域を含む木屋瀬地域において、河川氾濫を想定した訓練を企画しました。

本訓練は、防災関係機関・団体等による具体的な連携体制の構築や地域住民の防災意識の高揚、河川氾濫に対する官民一体となった対応力の向上を図るとともに、北九州市全体の河川氾濫に対する防災啓発に繋げることを目的に実施したものです（訓練参加・来場者は25機関710名）。

2　訓練概要

主な内容は、次の4つの訓練項目になります。

(1)　避難勧告等を想定した住民の避難訓練

避難準備・高齢者等避難開始（訓練用「緊急速報メール」を配信）や避難勧告（市民センター設置の防災スピーカー吹鳴）を合図にした住民避難訓練を実施しました。

(2) 関係機関によるシミュレーション訓練

遠賀川における北九州市による避難勧告の発令等に関し、関係機関の災害対応をシミュレーションした図上訓練を実施しました。これは、水位情報などを元に、どんな状況になれば避難情報が発令されるのか、具体的な意思決定過程を市民への解説を加えながら実演したものです。

(3) 関係機関が連携した浸水想定区域内及び現場指揮本部での実動訓練

消防・警察・自衛隊等が現場指揮本部を設置し、上空及び現地での情報収集、グラウンド内に設けた倒壊家屋・埋没車両からの救助・救出訓練を実施しました。

(4) 防災を学ぶことができる参加・体験型訓練ブース

応急給水車、地震体験車、豪雨・暴風疑似体験、特設公衆電話・災害伝言板体験等、来場者が気軽に防災を学ぶことができる参加・体験型訓練を実施しました。

3　緊急的な避難訓練

上記2のうち、(1)避難勧告等を想定した住民の避難訓練について、もう少し詳しく紹介します。

まず、遠賀川の水位が「氾濫注意水位」に到達した想定のもと、8時30分に浸水想定区域を対象として、「避難準備・高齢者等避難開始」を発令しました。この時、訓練用緊急速報メールを八幡西区及びその周辺へ配信し、エリア内にいる携帯電話へ一斉通知しました。

図表2-55　要支援者の避難支援訓練

この緊急速報メールを契機に、避難行動要支援者（80代女性、視覚及び聴覚に障害あり）が車椅子を利用し、家族や支

図表2-56　小学校3階への緊急避難

援者の介添えのもと、木屋瀬小学校へ避難を開始しました。

　続いて、遠賀川の水位が「避難判断水位」に到達した想定のもと、9時00分に浸水想定区域に対して、「避難勧告」を発令し、これに合わせ、木屋瀬市民センター設置の防災スピーカーを吹鳴しました。木屋瀬地域の住民は、直ちに連絡網等を活用して避難情報を周知、その後、町内ごとに事前に決めていた緊急避難地等（7箇所）へ集合、地域が決めた緊急的な避難場所である木屋瀬小学校3階へ避難を開始しました。

　既にお気付きかもしれませんが、訓練を実施した木屋瀬地域は広範囲が3.0m以上の浸水想定区域とされていることもあり、地域内には洪水対応の指定緊急避難場所や指定避難所（以下「指定避難所等」という。）がない状況です。最寄りの指定避難所等は、洪水浸水想定区域「外」に指定されていますので、大人でも徒歩40分程度かかる距離にあります。しかしながら、大雨が降っている中で、その距離を歩いて避難することは、多くの住民にとって困難な状況であることが想像できます。そこで本訓練では、木屋瀬小学校は、市が指定している洪水に適応した避難所ではないことを周知しつつ、行政と地域が協議した結果として、校舎の3階部分に「緊急的な避難」をしていただきました。

4　訓練総括と今後の課題

　本訓練では、訓練の成果検証や今後の河川氾濫に対する災害対策の参考にするため、一般訓練参加者を対象にアンケート調査を実施しています。

　まず総体的な評価として、参加者の7割が「河川氾濫に対する防災意識が高まった」と回答しており、一定の成果が得られたと考えています。

　平成28年の台風第10号では、岩手県岩泉町において、高齢者らを事前に避難させるための避難情報が出ていましたが、正しく意味が理解されず高齢者施設で多くの犠牲者が出たという報告があります。この災害の課題を念頭に、シミュレーション訓練では、市民に対して避難情報に関する解説を行うこととしましたが、「訓練に参加して役に立ったと思うこと」の回答として、「避難勧告など避難情報の意味を理解した」が29％となっています。

　また、主体的な防災対策のためには、まずはご自身の居住地にどのような災害の危険性があるのかを知る必要がありますが、訓練参加によって「自宅

が浸水想定区域にあることを知った」住民が21％いたことと合わせて、住民への啓発が進んだことも重要な成果の一つだと考えています。

　住民避難訓練では、本市で初めて避難行動要支援者ご本人に参加をしていただき、避難支援訓練を実施しました。地域での助け合いである「共助」による救援・救護に備え、支援する側が障害者の障害種別に対応した支援方法を理解し、避難誘導行動が円滑にできるようにすることの重要性を再認識することができました。訓練準備にあたり複数の避難支援者を決めるなど、地域が中心となって避難支援に関する個別プランが作成されたことも成果の一つと考えています。

　昭和28年に遠賀川が氾濫して以来、周辺地域では大きな災害が発生していないこともあり、アンケートでは、この地域の9割を超える住民が、これまで河川氾濫に対して避難をした経験がないことも分かりました。その理由として「河川氾濫の危険性を感じたことがない（62％）」が最も多く、次いで「避難場所までの距離が遠い（21％）」ことや「どこに避難したら良いのか分からない（13％）」などの声もありました。

　住民にとって、居住地の近くに指定避難所等がある方が望ましいことは十分理解できます。しかし、既述のとおり、木屋瀬地域内には、洪水対応の指定避難所等がない状況です。河川氾濫から命を守るためには、なるべく早い段階で浸水想定区域外へ避難することが非常に重要となりますが、早めの避難のためには、引き続き、市民への防災啓発が必要であると考えています。その上で、命を守る行動（垂直避難）や避難が遅れた場合の緊急的な避難場所などについても、引き続き、啓発を進めることが肝要となります。

⑻ 「簡易アラート装置」を活用した水位周知による主体的な避難行動を促す取組

国土交通省東北地方整備局北上川下流河川事務所防災情報課・調査課

1．はじめに

平成27年9月の関東・東北豪雨により、東北地方整備局北上川下流河川事務所管内の吉田川では越水や溢水などにより、甚大な被害が発生しました。

この出水を踏まえ、鳴瀬川等及び北上川下流等においては、国・県・市町村が連携・協力して減災のための目標を共有し、ハード対策とソフト対策を一体的、計画的に推進するため、減災対策協議会を設立し、「水防災意識社会」を再構築するための取組方針をとりまとめました。

この取組方針の一環として、北上川下流河川事務所では、水位が一定の高さまで上昇した際、点灯により周辺住民等の避難を促すこと等を目

図表2-57　吉田川上流部三川合流点付近の越水、溢水状況

図表2-58

的に、「簡易アラート装置」を平成28年〜29年にかけて開発しました。

本稿は、「簡易アラート装置」の開発・試験設置及び住民説明会・広報活動などの取組み状況を紹介するものであり、今後、自治体や自主防災組織等においてこの取組が広がることを期待するものです。

2．関東・東北豪雨での課題と簡易アラート装置の構造検討

関東・東北豪雨における円滑な避難の実施に資する住民等による水位上昇の把握に関して、以下の課題が抽出されました。

① 夜間の急激な水位上昇は目視による把握が困難。また、CCTVカメラ

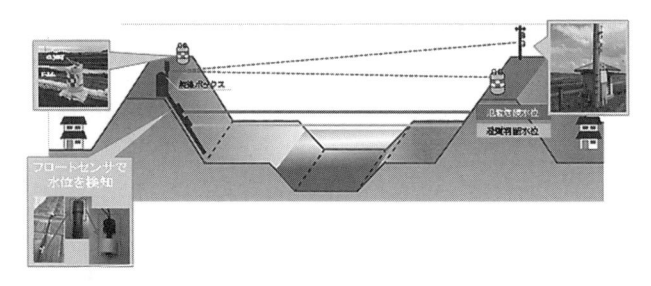

図表2-59　簡易アラート装置の概要（イメージ）

等による監視も夜間では限界がある。

② 水位観測所と水位観測所の間の区間において具体的な水位上昇の把握が難しい。

これらの課題を踏まえ、農業利用等の他分野の事例も含め、製品や技術動向を調査し、簡易アラートに必要な機能要件を検討しました。検討条件とし

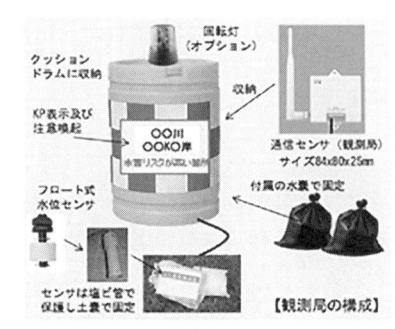

図表2-60

て、自治体や自主防災組織等での導入が進むよう材料は市販品を組み合わせて作れるようなものとし1基当たりの金額を抑えること、夜間における迅速な避難に資するよう水位の上昇を点灯により住民や現場の水防団等に伝えることが重要であるとしました。

この条件を満たし、1基あたり10万円程度の材料費で可能な装置を今回開発しました。具体的には、避難判断水位になると黄色、はん濫危険水位になると黄色と赤色の点滅灯が光り夜間でも認識でき、河川に人が近づかなくても周辺の地区住民等へ河川水位が上昇していることを伝え、主体的な避難行動を促します。

3．試験設置・運用箇所の選定

試験設置した場所は、関東・東北豪雨や過去の洪水で越水、決壊した箇所等、水害リスクの高い箇所として10箇所を選定しました。

4．地元住民への説明や一般への周知の取組み

各試験設置箇所において、住民や水防団等地域の方々に対し、簡易アラート装置の目的・仕組み等を理解し、主体的な避難行動等に役立てていただくための説明会を実施しました。（10箇所。計110名）

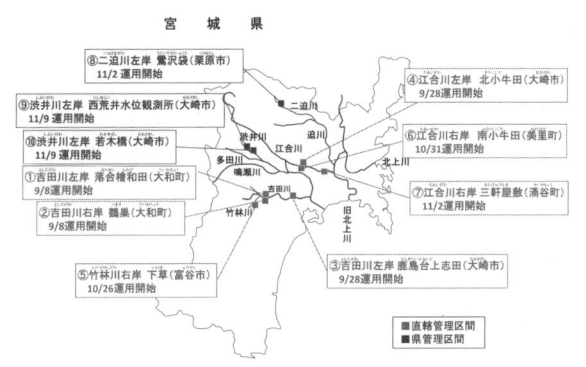

宮　城　県

⑧二迫川左岸 鷲沢袋（栗原市）
11/2 運用開始

⑨渋井川左岸 西荒井水位観測所（大崎市）
11/9 運用開始

⑩渋井川左岸 若木橋（大崎市）
11/9 運用開始

①吉田川左岸 落合檜和田（大和町）
9/8運用開始

②吉田川右岸 鶴巣（大和町）
9/8運用開始

⑤竹林川右岸 下草（富谷市）
10/26運用開始

④江合川左岸 北小牛田（大崎市）
9/28運用開始

⑥江合川左岸 南小牛田（美里町）
10/31運用開始

⑦江合川右岸 三軒屋敷（涌谷町）
11/2運用開始

③吉田川左岸 鹿島台上志田（大崎市）
9/28運用開始

■直轄管理区間
■県管理区間

図表2-61　設置箇所位置図

また、このような取組は全国初であったことから、多数の報道機関からの取材を受け、新聞やテレビ等で取り上げられるなど、一般の方々にも広く周知されました。

鳴瀬川等減災対策協議会においても、室内用水槽にフロートを設置した装置によるデモンストレーションを実施し、自治体の首長の方々等に対し直接紹介するなど、本取組の周知に努めました。

(H28.9.8)

図表2-62　吉田川左岸　落合檜和田（大和町）

5．地元住民の声

本取組に対して、区長や水防団の方々から

図表2-63　減災対策協議会のデモンストレーションの様子

は、「住民や消防団などだれがみても判りやすく、間近で危険を確認できることは早めの対策になり、避難が出来る。」や「家からでも道路からでも見

図表2-64　吉田川左岸　落合　檜和田（大和町）

図表2-65　吉田川左岸　鹿島台　上志田（大崎市）

えて水位が判断できる。夜だと危ないが堤防へ行かなくても水位がわかるので助かる。」という声が聞かれるなど、住民の水防災意識を向上させ、住民の円滑な避難への一助となることが期待されます。

6．まとめと今後の予定

　平成28・29年の2カ年の試験設置・運用を踏まえ、今後、簡易アラート装置の仕様書（案）・設置マニュアル（案）を作成し、自治体等に周知する予定としています。

図表2-66

　また、装置の運用体制としては、自治体や自主防災組織による自主的な保守・点検等が行える体制を構築することが望ましいことから、マニュアルの周知に加え、自治体による水防団や自治会等を対象とした点検・電池交換等の勉強会が行われることも期待しています。

　さらに、本装置は河川水位の他、内水氾濫やアンダーパスの浸水等の警告にも活用できることから、自治体等で独自の活用方法が検討され、簡易アラート装置の設置が進み、住民等の水防災意識の更なる向上に資することを期待しています。

⑼　県境、市境を越える「大規模水害時における広域避難の連携に関する協定」

千葉県香取市総務企画部総務課副参事　山本　章夫

　利根川下流域の水郷地域に、千葉県香取市、茨城県潮来市、稲敷市、神栖市（協定 4 市）は位置しています。古くから水の恩恵を受け、現在では「関東一の米どころ」と称されていますが、一方では大規模水害の脅威とともに歩んできた地域でもあります。

水郷地域の歴史

　水郷地域を形成する利根川、霞ケ浦一帯は、約1000年前は「香取の海」と呼ばれる広大な入り江であったとされています。

　その後、現在の鬼怒川などから運ばれてきた土砂の堆積によって湖沼（霞ケ浦など）となり、現在の利根川河口から霞ケ浦一帯が水郷地域と呼ばれるようになりました。

　江戸時代初期、徳川家康は水害から江戸を守るため、現在の東京湾に流れていた利根川を銚子から海に流すように、大規模な河川改修「利根川の東遷」を行いまし

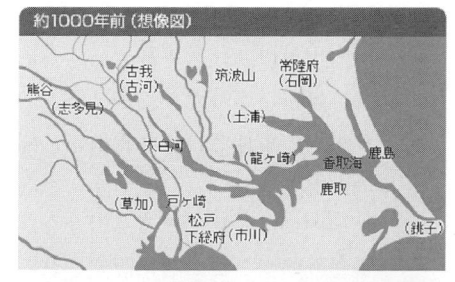

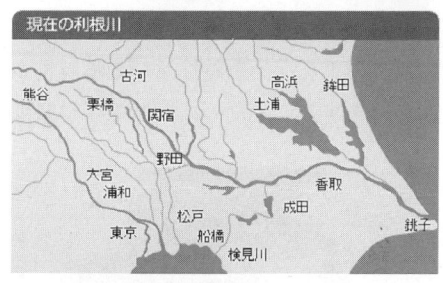

図表2-67

た。これにより、土砂の堆積が急激に進み、利根川中・下流は肥沃で広大な穀倉地帯と移り変わりました。一方で、明治以降は大雨のたびに洪水に見舞われる氾濫域にもなってしまいました。こうした背景から、度重なる河川改修工事が行われ現在の姿に至っています。

協定締結に至る経過

利根川の変遷によりかたち造られた水郷地域は、水郷筑波国定公園を形成する風光明媚な地でもあります。一方、古くから暴れ川として知られる利根川や霞ケ浦の氾濫は、地域にとって最大の脅威であり、対策として重要水防区域の位置づけ・点検、水防訓練を実施するなど長年にわたり警戒に努めてきたところです。こうしたなか、平成27年9月の関東・東北豪雨により発生した鬼怒川（鬼怒川の決壊）及び小貝川一帯の大規模水害は、水郷地域の避難対策を改めて考える契機となりました。

利根川と霞ケ浦及び常陸利根川に囲まれた水郷地域は、両河川の氾濫が重複するため水害リスクが非常に高い地域であり、全域が両河川の洪水浸水想定区域となります。このため、居住する約19,000人の避難行動には多くの課題を抱えた地域となっています。主なものとしては、

○ 両河川の堤防に囲まれているため、閉塞した地形となっており氾濫流の逃げ場がなく浸水が長期に及ぶ。

○ 利根川の東遷等により香取市、稲敷市、潮来市、神栖市の分断された市域が混在。

○ 地域内には避難できる高台がない。

○ 避難経路が7つの橋に限定されることから、地区によっては、他市の避難所の方が避難しやすい。

以上のような治水特性及び地域特性から、市域内のみの避難行動には限界があります。このため、広域避難は必要不可欠であり、当該地域に大変有効

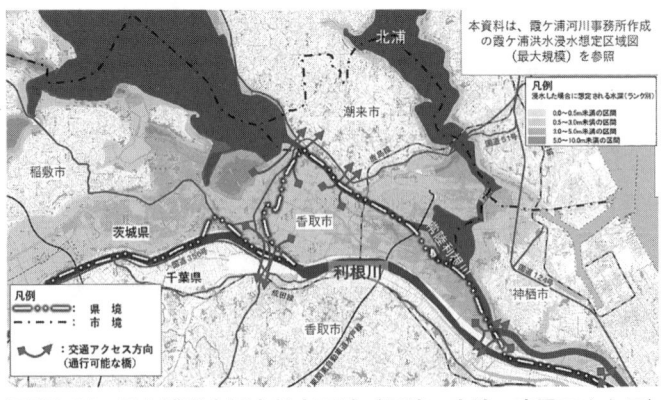

図表2-68　霞ケ浦洪水浸水想定区域（県境・市境、交通アクセス）

な対策となることは、協定4市が以前から
同様の認識を有していました。

図表2-69

　また、利根川の変遷等により現在の県
境、市境を成すことになりましたが、地理
的・文化的にも結びつきの強い地域である
ことも追い風となり、「災害に県境・市境
はない、水郷地域を一体の地域・一つの自治体として捉え、各市が相互に助
け合って水害リスクの軽減を図ること」を目的として、平成29年2月7日に
協定を結び、新たな洪水対策及び広域避難体制を構築することになりまし
た。

協定に基づく大規模水害対策の取組

　協定の主要な取組は、「一体の地域・一つの自治体」とする協定の基本と
なる考え方を踏まえ以下の4点となります。

　1点目は、災害が発生又は発生する恐れがある場合には、災害対策状況を
協定市全体で共有できる体制とするための連絡調整に関し、連絡担当課（窓
口）及び担当者を事前に決定すること。必要とする場合は、被災した市災害
対策本部等へ連絡調整員として職員を派遣することを可能としています。

　2点目は、協定市における避難情報発令基準（避難準備・高齢者等避難開
始、避難勧告及び避難指示（緊急））と発令時の情報伝達事項について確認
をします。また、発令に伴う避難場所要請のタイミングについての統一を図
ります。

　3点目は、霞ケ浦及び利根川の洪水浸水想定区域（想定最大規模）の区域
外に、相互利用できる緊急避難場所・避難所を選定し、内水氾濫も踏まえた
避難ルートの検討を行います。また、協定市の地域防災計画に緊急避難場
所・避難所として指定することとします。

　4点目は、協定市が作成・更新する「洪水浸水ハザードマップ」に、広域
避難関連（他市への避難）を記載することとし、平時から住民周知に努めま
す。

　締結以降、上記の4項目の具体化に向け協議を重ね、「情報収集・連絡マ
ニュアル」としてまとめ、協定4市の共通マニュアルとして活用します。

取組上の課題

　現時点では、協定市間の情報伝達手段や緊急避難場所・避難所の指定及び
ハザードマップ等による市民周知などの基本的事項を取り決めたにすぎず、
広域避難体制をより具体的なものにするにはいくつかの課題が残ります。

　避難場所の共有には、備蓄資機材の充実や経費負担を含め、相互援助の内
容及びルールづくりの検討が必要です。

　また、広域避難における緊急避難場所・避難所は、広大な霞ケ浦及び利根
川の洪水浸水想定区域の区域外に施設を設定したことから、避難場所は遠方
となり避難行動は容易ではありません。とりわけ避難行動要支援者への対応
は最大の課題であり、より踏み込んだ対策に取り組む必要があります。

踏み込んだ取組

　今後は、情報伝達および避難要請訓練の実施など、段階的な訓練を重ね、
新たに作成するハザードマップを活用した市民対象の出前講座、水防訓練等
を始めとする合同による市民参加型の４市合同避難行動訓練の実施を目指し
ていきます。また、訓練等の成果を反映させるとともに検討を重ね、マニュ
アル等を充実させていく予定です。

　近年の特異な気象状況から大規模水害は全国どこでも起こり得る災害とな
り、「水の郷」に住む私たち地域にとって、切実な問題です。「大規模水害時
における広域避難の連携に関する協定」は、水郷地域の水害対策のスタート
です。協定４市は手を取り合い、「逃げ遅れゼロ」を目指し、更なる大規模
水害対策の構築に取り組みます。

⑽　さかわ家族防災会議の日・防災まちづくりサロンの取組

高知県佐川町総務課危機管理対策室長　藤本　雅徳

佐川町の概要

　本町は、高知県の中西部に位置し、高知市から約27km、自動車で1時間圏内の距離にあります。総面積は約101km²、周囲は5市町村に囲まれており、広域的に見ると、県都と愛媛県を結ぶ国道33号、山間部と太平洋を結ぶ国道494号とJR土讃線が交差する交通の要所でもあります。

　気候は、年平均気温16度、年間降水量2,800mm程度で、概して温暖多雨な気候ですが、一方、昼夜の温度差が比較的大きい盆地特有の気温特性も見られます。

　人口は、平成27年国勢調査人口、13,114人であり、減少傾向に転じた昭和60年の人口に比べ3,000人以上減少となっています。

　また、本町は、昭和50年の台風5号による著しい浸水被害をはじめ、古くから浸水被害に悩まされた地域です。近年は、河川改修等が進み大きな被害は起こっていませんが、記録的な豪雨による支川の氾濫や内水滞留が生じています。

取組の概要

⑴　背景と目的

　本町では、平成26年の11号、12号台風の際に、2週続けて町内全域を対象に避難勧告を発令しましたが、町内には、洪水の危険性がある家や土砂災害の危険箇所内に立地する家がある一方、浸水のみの家や大雨時においても危険性が少なく避難しなくてもよい家もあり、住民の方から発令に対し批判や苦情がありました。これは、行政において、各種災害に対しての被災想定区域が十分と言えるほど整理できていないこともありますが、住民の皆さんが災害から身を守ることについて、行政にその対応を委ねるがあまり、他人事になっているのではないか、自分事として考えていないのではないか、ということが懸念されました。

　そこで、「避難する、しない」を町が決めるのではなく、住民一人ひとり

が考え、「避難した方がよい家」「避難しなくてもよい家」を一軒ごとに明確にすることを通じ、災害を自分事としてもらう取組として、平成27年度から「防災まちづくりサロン」（以下「サロン」という。）を始めました。

　また、家族単位で防災の話し合いを行うことにより、住民の防災に対する意識を高めることを目的として、平成28年8月、毎月の第2日曜日を「さかわ家族防災会議の日」（以下「防災会議の日」という。）として制定し、その月のテーマに沿い、家族毎に話し合いを行っていただく取組を始めました。

(2)　具体的な内容

　サロンの取組を進めるにあたり、最初に「わが家の災害に備えるチェックシート・わが家の避難行動計画」（以下「シート」という。）を作成しました。シートの内容や体裁は、両方の取組で活用でき、家庭でいつも見ることができるよう考えました。A3版のシートの表面には、防災会議の日のテーマの一例や家族の連絡先、防災に関する役割分担を記入する欄と家庭の防災対策を進めるうえで準備していた方が良いと思われる項目を掲載しました。

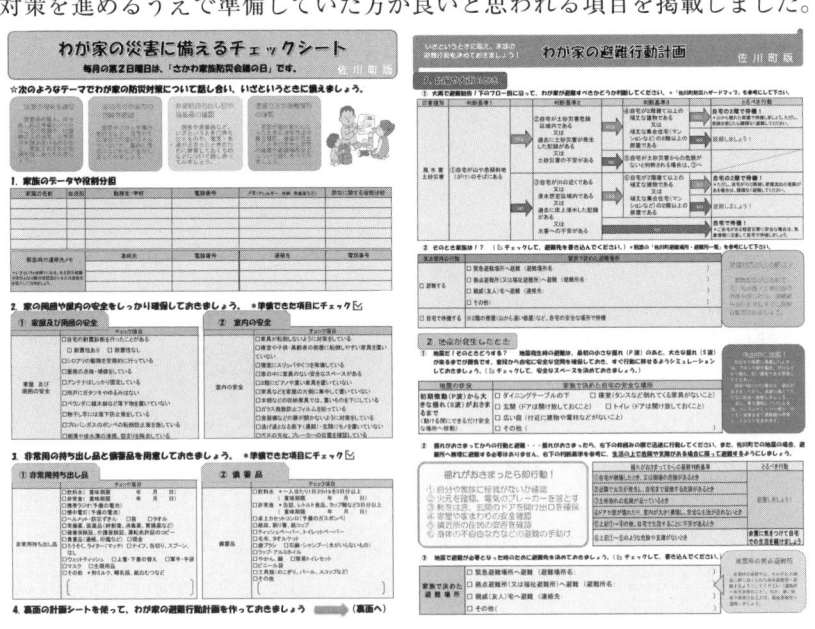

図表2-70　「わが家の災害に備えるチェックシート・わが家の避難行動計画」のシート（左：表面、右：裏面）
防災会議の日の制定に合わせ平成28年8月に町内全戸へ配付。

準備ができた項目には完了の確認ができるようチェック欄も設けました。裏面、上半分には、大雨、台風時の避難行動が選択できるよう、家の立地条件等から３段階の判断を行い、とるべき行動が決定できるようなフ

図表2-71　「防災まちづくりサロン」の風景

ロー図を、下半分には、地震発生時の揺れから身を守る場所の確認と揺れがおさまった後の行動などを、災害種別毎に考えることができるよう二分して掲載しました。

　サロンは、自主防災組織の代表者に、地区住民への参加の呼びかけや会場の借り上げを依頼し、その地区の公民館等で開催します。会場では、ご近所の５人程度のグループ毎に、ハザードマップの土砂災害危険箇所や過去の大雨時の出水状況などを話題にしながら、「私は裏山が危険だから○○小学校へ避難する」「うちは頑丈な２階建てなので自宅待機する」といったふうに、参加者それぞれに避難行動計画を決めてもらいます。その後、各グループで話し合われたことや決めた避難行動などについて発表を行い、参加者全員で共有します。

　防災会議の日は、毎月異なった防災に関するテーマを、町の広報紙、防災行政無線、メール配信システムを使用し周知します。例えば、台風期前の５月には「日頃から台風などの気象情報に注意し、家庭でできる事前の対策をしましょう」のほか、地域住民が参加するイベントが多い11月には「地域の防災訓練やイベントに参加し、日頃からコミュニティを大切にしましょう」といった具合に、タイムリーな話題となるよう考慮しています。また、実際に「シート」を使用し避難行動を話し合うテーマも設定しています。

取組を進めるうえでの工夫

　サロンの開催には地域の方の参加が必須となりますので、なるべく多くの方に参加してもらうよう配慮しています。例えば、地域住民の多数の参加が

見込める自治会総会の日に合わせた開催や、参加の呼びかけについても、できる限り戸別に声がけをしながら開催案内文書を手渡して頂く、声がけができない場合も、町からの配付物が多い月初めを避け各戸へ配付して頂くなど、自主防災組織の方々に協力を求めています。

　また、防災会議の日は、開始して日が浅いことも有り、取組の内容が町内に十分に浸透していないことが考えられます。町民の皆さんに、この取組を認知してもらうとともに家族での防災の話し合いを定着させるよう、防災会議の実施日について、防災会議の日の前日の夕方、当日の朝と夕方の計3回、防災行政無線による町内放送を行っています。

課題と対応

　サロンは、平成27年度から開始し、平成30年2月末時点では、57の自主防災組織で開催し、参加人数は1,022人ですが、各世帯1人が参加すると仮定した場合の参加率を見ると、26％と低い状況となっています（下表参照）。参加率の低さは、住民の防災への意識の低さが一因として考えられ、参加率を上げるためには、住民の防災意識の高揚に努めることが必要です。この課題に対し、本町では平成29年度に策定しました「佐川町国土強靱化地域計画」の中で、住民一人ひとりの防災意識の高揚を、事前に備えるべき目標の一つとして掲げ、課題の解消に向け、サロンや防災会議の日の取組のほか、防災講習・出前講座の実施、防災訓練・防災学習会の開催など、意識高揚を図るための機会を創り出す様々な事業を実施しています。

	開催済みの自主防災組織数	参加者（人）	開催済みの自主防災組織内の世帯数の合計（戸）	各世帯1人が参加すると仮定した場合の参加率（％）
平成27年度	7	147	426	34.5
平成28年度	32	555	1,811	30.6
平成29年度	18	320	1,689	18.9
合計	57	1,022	3,926	26.0

図表2-72　「防災まちづくりサロンの開催状況と参加率」（平成30年2月28日現在）

地域住民の反応と効果

　サロンの参加者からは、「自分の身は自分で守らないかん。」「いざという時は慌てるので、あらかじめ避難するのか自宅待機なのかを決めておくことが大事。」といった発言や「台風の時は一人で不安なので、○○さんのお家に避難させてもらうよう了解をもらった。」といった発言もあります。サロンの話し合いを通して、災害を自分事として捉える意識の向上効果の他にも、地域コミュニティの絆を深める効果や、地域の力を防災対応に生かせていくきっかけづくりとなる効果も発揮されていると感じています。

　このサロンの取組は、平成30年度中には町内の94組織、全ての自主防災組織での開催を目指しています。町と自主防災組織の共同開催という現在の方法で一巡した後、直ぐとはいかないかもしれませんが、最終的には、町から開催を呼びかけなくても、自主防災組織が、それぞれの地域で自立しサロンが開催されることを期待しています。

⑾ 要配慮者利用施設の避難確保計画作成支援の取組

前三重県津市危機管理部防災室（現三重県津市市民部地域連携課）

東谷　竹雄

1　はじめに

　本市は、三重県の中部に位置し、東は伊勢湾から西は奈良県境までが市域となり、その面積は約711㎢で、三重県の市町では最も広い市域を有しています。地勢としては、東部の平野部で都市部を形成していますが、西部は布引山系を控える中山間地域となり、土砂災害の発生に備え、注意を要する地域となっています。

　本市を流下する河川としては、1級河川で洪水予報河川の雲出川（雲出古川）を始め、2級河川の安濃川や岩田川など、10の水位周知河川があり、それらの河川が伊勢湾に注ぎ、河口付近では平野を形成しています。

　近年では、平成16年9月の台風第21号において、合併前の旧津市で449棟の住家が床上浸水、1,618棟の住家が床下浸水するなど、災害救助法の適用を受ける災害が発生しています。また、平成23年台風第12号では、津市美杉町伊勢地地区で大規模な土石流が発生し、家屋が全壊するなどの被害が発生しています。

2　モデル事業を取り組むことになる経緯

　平成29年5月に水防法及び土砂災害防止法が改正され、浸水想定区域や土砂災害警戒区域内に位置し、市町村地域防災計画において定められた社会福祉施設、学校、医療施設等の主として防災上の配慮を要するものが利用する施設（以下「要配慮者利用施設」という。）については、洪水や土砂災害から利用者等が円滑かつ迅速な避難を確保するため避難確保計画を作成するとともに、避難訓練を実施することが義務となりました。

　法改正を受けて、「各要配慮者利用施設に対してどのように周知するべきか。」また、「出来るだけ多くの施設に避難確保計画を作成して欲しいがどのように進めるべきか。」などの課題に対して思案していたところでありました。さらに、各要配慮者利用施設については、「避難確保計画の作成方法が

わからない。」や「避難確保計画を作成する時間、人手、知識・ノウハウが
ない。」などの課題も明らかとなっていました。

　本市としましては、国土交通省からの専門的な知見等を活用することでこ
れらの課題を解消することができると考え、避難確保計画の作成を促進する
ため国土交通省とモデル事業として取組を始めました。

3　モデル事業の概要

　モデル事業については、要配慮者利用施設の避難確保計画作成促進につな
げる方策の検討をするため、次の３つの取組を行うことにしました。①講習
会の開催、②各施設への資料送付、③意識啓発資料作成による避難確保計画
の作成促進

　①講習会の開催については、前期講習会と後期講習会を開催しましたが、
詳細については、次の「4　講習会の開催」で説明します。

　②各施設への資料送付については、様々な理由により講習会に参加できな
い施設に対して、避難確保計画作成の必要性を認識していただき、計画作成
につなげる必要があることから、簡易に避難確保計画を作成するための資料
等を送付し、要配慮者利用施設が独力で避難確保計画を作成できるよう支援
するものです。

　③意識啓発利用作成による避難確保計画の作成促進については、避難確保
計画作成の必要性自体を理解してもらうための方策を考える必要があること
から、避難訓練等により被害から免れた事例等を紹介する資料等の作成を通
じ、意識啓発資料（パンフレット）を作成するものです。

4　講習会の開催

　避難確保計画の作成率向上を図るため前期と後期の講習会を開催しまし
た。本市における試行的な取組を参考に、効果的な開催方法を整理するとと
もに、他の自治体でも同様の取組ができるよう手順等を示したマニュアルの
作成につなげるため開催しました。

(1)　前期講習会

　前期講習会では、有識者として三重大学大学院工学研究科の川口淳准教授
や国土交通省、津地方気象台からも専門的な知見に基づく説明がありまし

た。

内容としては、避難確保計画の作成、避難訓練実施の義務化とその重要性の説明に始まり、地域の水害特性や防災情報の入手方法、避難経路図の作成や防災体制の構築、避難行動開始の判断など避難確保計画作成時のポイントについて、国土交通省が作成している「避難確保計画作成の手引き別冊」の解説等を行いながら、座学形式で説明しました。

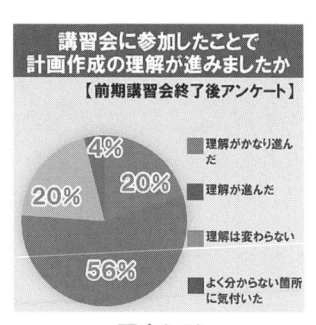

図表2-73

講習会に参加した施設への前期講習会終了後のアンケートでは、参加者の76％の方が、「理解がかなり進んだ」又は「理解が進んだ」と回答しており、避難確保計画作成につなげる効果はあったものと考えられます。

(2) 後期講習会

避難確保計画の内容の充実を図ることを目的にワールドカ

図表2-74　取組（知恵）や課題等の共有

フェ方式で実施しました。4人から5人のグループを1グループとして、各施設で既に取り組んでいる良い取組（知恵）や課題等の共有を行いました。

ワールドカフェ方式では、「正解」を導き出すのではなく、「カフェ」のようなリラックスした雰囲気で他の参加者の意見を聞きながら「共有」に主眼を置いたワークショップを実施しました。他の施設での取組を「共有」することにより、避難確保計画の質の向上を図るものです。

後期講習会終了後には、参加者間での名刺交換等の交流が見られました。これらの施設間における「顔の見える関係」の構築により防災力の強化につながることも期待されます。

(3) 各施設における課題と施設で工夫している解決策

前期講習会終了後における質疑応答や後期講習会におけるワールドカフェにおいて明らかとなった各施設が抱える避難確保計画を作成する上での主な

課題については、「少ない職員で夜間にどのように避難させるのか悩んだ。」、「立退き避難か上層階への避難か避難先の設定に悩んだ。」、「備蓄品についどのように考えたらよいのか。」などがあります。

　一方、各施設で工夫している解決策としては、「地域の協力を得るために、地域の祭りへ参加し、施設のイベントへの参加を呼び掛ける。」、「明るい時間（早期に）に避難できるように計画を充実する。」、「近くの民間施設への避難に係る協定を締結している。」、「上層階への避難でも大丈夫な場合もありますが、数日間にわたる避難対応についても検討している。」などの事例紹介がありました。

5　避難確保計画の作成状況

　モデル事業実施前の避難確保計画作成済みの施設数については、津市地域防災計画に位置付けている要配慮者利用施設の184施設の内、59施設であったものが、モデル事業実施後に津市へ避難確保計画の提出があった要配慮者利用施設の数は144施設（平成30年2月28日現在）となっており、大幅に作成を促進することができました。

　今後も未提出となっている施設への作成促進のお願いを行い、平成30年度中には、全ての要配慮者利用施設で避難確保計画の作成を目指すこととします。

6　今後の展開

　要配慮者利用施設における避難確保計画については、計画を作成し、市町村に提供すればそれで終わりというものではなく、計画に基づき訓練等を実施することが重要となります。また、実行性のある計画とするためには、繰り返し訓練を実施し、課題事項の整理・検証を行い、より良い避難確保計画となるよう再考していくことが重要となります。

　本市としましては、地域の特性や実情に応じた避難確保計画となるよう毎年訓練を実施し、より良い計画となるよう各施設へ文書を発出することとしています。各施設が取組を進めるに当たっては、取組の進め方がわからない施設等もあることから、市職員による避難確保計画作成の支援についても行っていきます。

また、水防法改正に伴い、洪水予報河川や水位周知河川において想定最大規模の降雨を対象とする浸水想定区域図の見直しが進められており、見直し後は大幅に浸水想定区域が広がることが想定されることから、対象となる施設の整理を改めて行う必要があります。

7　おわりに

　モデル事業を通じて、講習会の開催が避難確保計画作成の促進につなげることができる有効な手段であることが確認できました。

　本市における試行での取組を踏まえ、国土交通省において要配慮者利用施設における避難確保計画の着実な作成に向けてのマニュアルが整理されていますが、今後、市町村の取組がより進むためには、国・県との協力・連携も重要であると感じました。

　一方、避難確保計画については、作成すればそれで終わりというものではありません。魂のこもった避難確保計画となるよう訓練を実施し、不足するマンパワーについては、地域の自主防災会や近隣の要配慮者利用施設との連携も取り入れるなどし、工夫していく必要があります。

⑿　排水ポンプ車の円滑な連携

広島県安芸高田市建設部管理課長　小野　直樹

　広島県安芸高田市は江の川の上流部に位置する人口約３万人の地方都市です。中国山地に囲まれてはいますが川沿いには比較的平地があり、人口、資産が集中しています。しかし、ひとたび氾濫すると川沿いの土地には地盤が低い箇所もあり、流水が溜まりやすい地形となっています。

　昭和47年には、江の川流域において戦後最大の洪水被害を受け、安芸高田市に隣接する三次市街地では堤防が２箇所で決壊するなど各地で大きな被害をもたらしました。安芸高田市においても、家屋全半壊・流失戸数136棟、床上浸水479棟、床下浸水774棟の被害が発生しています。

　昭和47年の被災を踏まえ、災害復旧と河川改修により築堤が促進されました。

　整備により河川からの越水等による安全度は上がっていますが、近年の降雨は狭い地域に集中して豪雨をもたらすため、低平地では内水被害の危険性が増加しており、安芸高田市においては、平成11年以降、平成18年には140棟、平成22年には30棟の内水による被害が発生しました。

　そのため、支川の流入する堤防開口部の樋門新設の他、河川改修により狭窄箇所で河道拡幅が実施され、河川水位の上昇が抑えられ、内水被害の軽減が図られましたが、内水被害解消に至っていないのが現状です。

　このような状況のもと、国土交通省と安芸高田市では、内水対策は関係機関で連携を図りながらハード、ソフト対策を進めていくことが必要であるため、平成25年から内水対策の勉強会を実施しています。この中で、近年の降雨状況、内水発生のメカニズム、内水発生状況、対策方法などを議論しました。

　勉強会の中で検討された当面の対策としては、まず、当地域は、江の川本川の水位上昇と内水の上昇のピーク時間差があまりなく、過去の洪水例でも長くて２時間程度であり、短時間に多くの降雨が発生すると、急激に外水位、内水位が上昇することがわかりました。対応としては、内水発生前の準備として、洪水の予測、連絡体制の確立、内水が発生する場合は、確実な樋

門の操作、ポンプ車の派遣など現在ある排水施設の有効活用を図る方策が必要と考えられました。

　連絡体制の強化については平成16年の合併時から国などの関係機関と体制の強化を図り、水位に応じた樋門操作員、ポンプ車出動のタイムラインの確認、緊密に連携した取り組みなどの協議を行いました。現在は、江の川本川の水位の上昇に伴い国土交通省三次河川国道事務所から市への連絡、また連絡を受けてから各樋門操作員への連絡を行いますが、比較的早く操作の必要な樋門については、遅れが発生しないように、水位の上昇に伴い樋門から各樋門操作員への機械音声による伝達が行われます。

　また、勉強会を重ねていくうちに、樋門操作による内水対策を行うより前に、内水そのものをどのようにして軽減するのかも検討しました。その結果河川の農業用取水口からの流入も関係していることが判明したため、事前に降雨時は用水樋門の閉操作要請を行うと共に、農業取水管理者を出水時の連絡体制に組み入れることにより、市の緊急時連絡体制の拡充を図りました。

　次に樋門操作員についてですが、樋門操作員の資質の向上と維持のため、毎年6月初旬に樋門操作の研修会を行っています。樋門操作の研修会は三次河川国道事務所から講師を派遣していただき、樋門操作員の必須事項として研修に参加していただいております。樋門操作員の問題としては、平均年齢が72歳と高齢であることです。これはどこの自治体においても、同様の問題があろうと思います。樋門周辺にお住いの方に現在管理をお願いしていますが、交代できる人がいないため、高齢の方も操作員を続けておられる状況です。

　樋門操作の自動化も促進されていますが、いずれにしても操作員の担い手については大きな課題となっています。

　内水氾濫に対応する対策ですが、安芸高田市には樋門に常設のポンプ場は設置されておりません。したがいまして、内水排除を行う強制的な手法としては排水ポンプ車の活用となります。三次河川国道事務所で保有しているポンプ車は6台ありますが、安芸高田市で所有するポンプ車はありません。また、6台のポンプ車も他の自治体への対応も必要なため、安芸高田市においては概ね3台のポンプ車で対応を国より行っていただいている状況です。安芸高田市における内水氾濫域は大きくは常友地区、国司地区、高田原地区の

3箇所があります。これらの地域は河床からの標高差が小さく、一度ある程度の降雨があれば内水が必ずと言ってもいいほど発生します。

　ポンプ車の配置については、事前に台風などの大きな降雨が予想されるときには、国と市において協議を行いポンプ車の配置場所や出動に対する準備を行っています。実際の出動のタイミングについては、内水状況を市において監視を行い、今後の降雨状況を勘案して内水状況がひどくなる前に市より出動の連絡を行います。現在においては、国によるポンプ車操作員の待機を含め迅速な対応を行っていただき、内水被害の減少にご尽力をいただいています。

　また、ポンプ車の初動を更に迅速に行うための対策を勉強会で検討した結果、予め、釜場を設置しておけば樋門の内側に排水ポンプ車の作業が安全且つ容易になることから、平成28年度に常友地区に釜場が設置されました。これにより迅速なポンプ車の排水作業が行われるようになり、平成29年7月5日の大雨でも、常友地区の内水被害が軽減できたものと思っております。釜場の設置については、引き続き国司地区においても整備が予定されており、市の出動要請に伴う排水ポンプ車の作業が安全迅速に行えるものと期待をしております。

**図表2-75　常友地区における釜場での
ポンプ車の活動風景。**

　直近の内水対策を行った事例としては、平成29年7月5日の大雨による災害対応があります。前日から降り続いた雨が、江の川が流れる安芸高田市の中心地で200㎜を超える雨量を観測しました。大雨洪水警報から土砂災害警戒情報と各地で土砂崩れなどの被害が発生し、江の川では氾濫危険水位を

**図表2-76　ポンプ車により最小限の被害
（床下浸水）に食い止められ
た常友地区の集合住宅。**

超える水位に達しました。安芸高田市においても災害対策本部を設置し、避難指示を発令し消防団への出動命令も発令しました。

　江の川においても、内水被害が発生し樋門操作員への対応連絡と国への排水ポンプ車の配置協議を行い、早朝より内水排除の開始を常友地区、国司地区、高田原地区の3地区において実施しました。真夜中から早朝にかけての対応でありましたが、樋門操作員及び国においても円滑に連絡調整ができ被害を最小限にすることが出来たものと考えております。

　今後の実施課題としては、内水排除をできるだけ早く大量に行うこと、そのためには排水ポンプ車の増設や可搬式常設ポンプ設置、内水箇所への流入水路系統見直し、河川断面の確保のための計画的な樹木の伐採や浚渫などを市と国が連携して取り組む必要があると考えております。

　最後になりますが、内水氾濫に対応するにはハード対策では限界があります。突発的に起こるゲリラ豪雨や今まで経験をしたことのない豪雨など、今後の予想が出来難い状況です。住民の生命を守ることを最優先に考えるとやはり避難することが第一であると考えます。

　安芸高田市においてはハザードマップを全戸配布しておりますが、土砂災害情報や内水ハザードマップも含めた最新の情報に更新するための作業を現在行っています。住民へ事前に危険情報の周知や、万が一への情報伝達の方法等、自治振興会や関係機関と連携し経験・技術・情報を出し合いながら対応していくことが重要であると考えます。

図表2-77　国司地区での内水により身動きが取れなくなった車両（写真中央）。

図表2-78　高田原地区におけるポンプ車の活動風景。

⒀　水防技術伝え人の育成の取組

北陸地方整備局河川部広域水管理官　長谷川　賢市

１．課題と取組方針

⑴　現状の課題

　水害から地域を守るためには治水対策と水防活動が車の両輪の関係にあります。しかしながら、消防団等における水防経験者の減少や水防専門家の登録者の高齢化など、水防技術を指導できる人が減少しているのが実態です。このままでは水防技術が伝承されていかないのではないかと危惧されています。

⑵　取組方針

　近年の梅雨前線や台風による豪雨災害では、これまでの記録を超える降雨量等が各地で観測されており、施設の能力を超える可能性が常にあることを踏まえた「備え」が必要となってきています。災害が発生してしまった場合でも被害を最小化する「減災」を図ることが今後の災害対策を進めるうえでも重要となっています。

　平成25年の水防法改正において、河川管理者による水防活動への協力が位置付けられました。北陸地方整備局河川部では、自治体、水防管理団体等、整備局職員を対象に「水防技術基礎講座」を開催するとともに「水防技術伝え人」制度を設け、水防技術伝承の取り組みを推進しています。

２．水防技術基礎講座（第１クール：平成27〜28年度）

　平成27〜28年度の２年ケ間を第１クールとして、合計３クール（６年）程度を当面の開催予定としています。受講者はクールごとに入れ替えとし、第２クール目の講師には第１クールの修了者、第３クール目の講師には第１〜第２クールの修了者とし、実際に指導することで質の高い指導者の育成を図る計画です。

⑴　受講者

　役職としては係長〜副所長とし、年齢的には平均35歳程度の方々が対象となっています。受講者は、整備局管内の水防管理団体に広く参加を呼びかけ

る他、整備局からは河川系事務所の推薦を受けた40名が参加しています。整備局受講者には特別な事情が無い限り、全ての講座に出席することを義務付けて集中的な指導を行っています。

(2) 講座内容

　第1クールは、座学2回、実技6回のカリキュラムで構成し、受講者が参加し易いように、座学を新潟市、2回〜5回の実技は3地区（新潟市、上越市、富山市）で開催しました。実技では全ての工法を行うことは難しいため、オーソドックス（基本的）な下記の工法を選定し、基本となるロープワーク（縄結び）は全ての講座（6回）で繰り返し実施しました。

《講習工法》

　木流し工：5回、積み土のう工：3回、改良積み土のう工：1回

　月の輪工：2回、釜段工：1回、シート張工：3回、水防マット工：1回

図表2-79　第1クールの講座内容

(3)　講師

　講師役には整備局OBで構成する北陸建設振興会議の水防技術委員会9名の方々に協力を依頼しています。

(4)　事務局

　本取り組みに関する事務局は、河川部水災害予報センターが行っています。

3.『水防技術伝え人』制度

　「水防技術伝え人」の仕事は、①本講座等の講師および講師補助、②水防技術伝承・普及に関する会議への参加、③各地で開催される水防技術に関する講習会の講師および講師補助等の自主的な支援活動となっています。

　「水防技術伝え人」となるためには、全カリキュラム（1クール・座学2回・実技6回）を受講する必要があり、修了者には登録証を交付しています。業務の都合で全カリキュラムを受講できなかった場合は、座学を含み次クール以降に不足する講座を受講することになります。平成27〜28年度の第1クールでは、自治体・消防団から95名が受講し、全カリキュラムを受講した3名の方を『水防技術伝え人』に登録しました。また、整備局からは17名を『水防技術伝え人』に登録しました。交付した登録証には『水防技術伝え人』として『心得』を裏書きしています。なお、『心得』は、北陸建設振興会議の水防技術委員会の方々にご指導を頂いて記載しています。

【水防技術伝え人の心得】
①私たちは、水防工法（指導）のプロです！
②基礎技術が身を守り、人命を守る！
③事務所で開催される水防技術講習会において自ら講師となり指導にあたること！
④水防技術基礎講座の講師の派遣要請があった場合は、その任務にあたり技術伝承に努めること！
⑤水防の基本はロープワーク。普段の生活にも縄結びの活用を！
⑥習うより慣れろ！　繰り返し、繰り返しの習得を！
⑦水防は時間が勝負、身近な資材を活用し、臨機応変！迅速対応！
⑧人命第一、危険を感じたら即退避！
⑨『居安思危　思則有備　有備無患』

安きに居りて危うきを思う、思えば即ち備えあり、備えあれば患い無し。：
左丘明作

4．講師ガイドブック（案）の作成

　事務局では、現場や訓練指導に行った際に、講師自身がどのように心掛け
て取り組めば良いかを記載した、講師のための「水防技術講習会等　講師ガ
イドブック（案)」を作成しています。現場での取り扱いを考慮して、Ａ5
判サイズとしています。

5．第2クール（平成29年度〜）

　平成29年度からの第2クールは、第1回（座学・実技）を2地区（新潟
市、高岡市）で開催し、第2回〜第3回の実技を3地区（新潟市、上越市、
高岡市）で開催しました。

　平成29年度は、自治体・消防団から46名、整備局から36名が新たな受講者
として参加し、自治体・消防団から9名、整備局から16名が第1クールから
引き続き参加しています。講師は当初計画どおり、北陸建設振興会議の水防
技術委員会の方々に加え、第1クール修了者の「水防技術伝え人」も参加し
ています。第3回修了時点、第1クールで修了できなかった10名（自治体3
名、整備局7名）を「水防技術伝え人」に追加登録しました。

6．参加者の反応

　講座に参加した消防職員からは、『水防技術の習得と団員への伝達のため
に参加しました。天候にも恵まれ、時期的にも良かったと思います。ポケッ
トサイズのテキストは講習中に確認する際に便利でした。本番さながらの水
防工法の実技は体力的につらいと感じる場面もありましたが、体に染みつい
たと思います。今回教えていただいたことを、機会をとらえて、職場内研修
の場で伝えていきたいです。』との感想を頂いています。また、『新潟のみで
の座学開催では遠くて行けない。』との声や第1クールでは石川県内からの
参加者が少なかったことの反省から第2クールから座学会場を高岡市に追加
し、実技も富山市から高岡市に変更しています。

7．おわりに

　新潟県の二級河川加治川では、出水により昭和41、42年と二年連続して堤防が決壊しました。これに関連して昭和57年には河川局長から河川管理の強化を求める通知が出ています。通知の中では、水防管理団体等が実施する水防訓練に河川管理者も積極的に参加し、必要に応じ水防工法等の指導、助言に努めることと記載されています。北陸地方整備局ではこの年を皮切りに整備局主催の水防演習を行っています。水防経験者の減少や水防専門家への登録者の高齢化など、水防技術の指導者が減少している昨今、「水防技術伝え人」の活躍を期待します。

⒁　淀川左岸における水防活動の取組

淀川左岸水防事務組合事務局長　南崎　憲生

1．淀川左岸水防事務組合の歴史

　明治18年6月17日、二つの連続した低気圧による大雨により大阪府茨田郡伊加賀村の淀川堤防が約180m破堤するという大洪水、いわゆる「枚方切れ」があり、明治28年に淀川茨田堤防水害予防組合、明治31年に澱、寝屋川水害予防組合が設立されました。その後、大正6年10月1日、高槻市大塚で淀川右岸堤防が破堤し、芥川、安威川、神崎川を経て大阪市西淀川区に至る広大な地域が浸水しました。この、いわゆる「大塚切れ」の大水害が直接の契機となって、大阪市長、西成、東成、中河内、北河内各郡長が設立委員となり、大正8年11月8日北河内郡長を組合管理者として淀川左岸水害予防組合が設立されました。

　その後、大正15年6月から大阪市長が管理者となり、昭和33年12月1日の水防法改正により、水害予防組合から水防事務組合に改組されて現在に至っています。当組合は水害予防組合としての設立から97年余の歴史を有する指定水防管理団体です。

　組合を構成する市は、明治18年の「枚方切れ」で実際に浸水した、大阪市、枚方市、寝屋川市、四條畷市、門真市、守口市、大東市、東大阪市の8市で、その面積は191㎢、区域内人口は約210万人で、関西の政治、経済、文化の中心を担う重要な地域です。

　水防団は、組合設立当初は水防組と称され、淀川本川筋の洪水防御のため、淀川堤防を18の防御区に分け、組合管理者の北河内郡長が水防長となり、水防部長18名、組頭145名、小頭246名、水防手2,460名が初代水防団員に任命されました。

　その後、昭和20年9月、枚崎台風に伴う高潮が臨港地帯を襲い、改めて地盤沈下による高潮の脅威が認識されたことにより、当組合でも昭和21年7月、大阪市の此花区、港区、大正区を新たに防潮筋として組合区域とし23の防潮区を設置しました。

　現在水防団は、団長、副団長、分団長、副分団長、部長、班長、班員の7階級に区別され、淀川筋が20分団、防潮筋が35分団、計55分団で組織されており、約5,000名の水防団員が淀川左岸地域を洪水から、また、西大阪一帯の臨海地帯を津波、高潮から守るため水防活動に従事しています。

２．水防訓練について

　洪水、津波、高潮による水災を未然に防止し、被害を最小限に食い止めるためには、河川改修等のハード面の整備はもちろんのこと、普段からの地道な水防訓練による水防工法技術の習得や防潮鉄扉の迅速な開閉操作など状況に応じた的確な判断が必要になります。

　淀川筋では、過去の経験から堤防の被害状況に即応した水防工法を迅速に的確に実施出来るよう、水防工法技術の錬磨と習熟を図るとともに、水防団員の士気を鼓舞し、地域住民の方に対する水防思想の高揚普及を目的として訓練を実施しています。

　その主な内容は以下のとおりです。

【越水対策工】
　積土のう工・改良積土のう工・堰板工・改良じゃかご工・水マット工
【漏水対策工】
　簡易釜段工・月の輪工
【深掘れ対策工】
　張布工・水防マット工・木流し工
【亀裂・崩壊対策工】
　五徳工・繋線工・築き廻し工・杭打積土のう工

図表2-80

図表2-81

　防潮筋では、水防団員の基本である水防工法技術の習得とは別に、津波、高潮から地域住民の生命、財産を守るため、「南海トラフ巨大地震」を想定し、地震発生から津波の到達が予想される2時間以内に、防潮鉄扉の閉鎖を完了したうえで水防団員が安全に避難できるよう、防潮鉄扉操作訓練を実施しています。訓練の際には水防倉庫内の水防資機材・ライフジャケットの数量や状態を確認し、不足分の補充等を行っています。

　また、淀川水系に係わる関係市で構成される淀川水防連絡会に参加し、淀川河川事務所職員と共にバスで移動しながら、団長や分団長等が出水期前の重要水防箇所を確認する等の合同点検を行っています。

3．台風等災害時の出動について

　洪水、津波または高潮により水災害が予想されるときは、水防事務組合として水防本部を設置するとともに、基準に従って水防団が出動し、堤防巡視や水防工法の実施、防潮鉄扉の閉鎖などの水防業務に当たっています。

　最近では、平成26年の台風18号の接近・上陸時の水防活動があげられます。この台風は、10月13日8時30分頃、鹿児島県枕崎市に上陸後、四国を暴風雨に巻き込みながら大阪府岸和田市付近に再々上陸し、その後日本列島上を東進して福島県から太平洋上に抜けたものです。一時は中心付近の最大瞬間風速が60m/sとなり、秋雨前線を刺激したため関西国際空港では192㎜、泉南郡熊取町でも134㎜記録するなど大阪府の泉州地方を中心に大雨となり、その影響で大阪府では重傷者3名、住宅の一部損壊2棟、床上、床下浸水172棟の被害が発生しました。大阪市には大雨、洪水、暴風、波浪、高潮警報が発令されたため、組合からもこの台風警戒のため21名の水防団員が出動

しています。

　防潮鉄扉を管理している、大阪府西大阪治水事務所から13日13時23分に大阪市大正区尻無川沿いの公道鉄扉4カ所の閉鎖指令を受けたため、直ちに受持の大正第1分団に連絡を取り、分団員5名を水防倉庫に出動させました。

　到着後すぐに、資器材の点検を行った後、公道鉄扉のため交通閉鎖の必要があるので地元警察の協力を得ながら、担当分団長の指揮により14時20分までに鉄扉閉鎖をすべて完了させました。

　その後も、団員を交代させながら、付近の私設鉄扉と防潮堤の警戒巡視を行ない、台風が近畿地方を通過し影響が無くなった、翌深夜0時4分に大阪府西大阪治水事務所から鉄扉の開放指令が発令されると、長時間の警戒巡視で疲れている団員を激励しながら短時間で鉄扉を開放し、鉄扉閉鎖のため遮断していた交通を再開させるまで、約11時間の長時間にわたり水防活動に従事し、大正区内への高潮の浸入を未然に防止することができました。

　また、直近では平成29年8月の台風5号、9月の台風18号の際にも水防団が出動して防潮鉄扉の操作や堤防の巡視にあたっています。

4．水防協力団体の取り組みについて

　当組合では、平成28年度に「水曜会」「楠葉パブリック・ゴルフ・コース」「牧野パークゴルフ場」「イオンリテール株式会社・イオン枚方店」の4団体に対して水防協力団体の指定を行いました。

　「水曜会」は水防活動に従事した経験のある OB、ボランティアのグループで、当組合の津波・高潮対策訓練にもオブザーバーとして参加され、「津波・高潮対策実施要領」の改善に関して提言を頂きました。

　また、「樟葉パブリック・ゴルフ・コース」及び「牧野パークゴルフ場」は淀川河川敷内にあり、毎年、災害時を想定した河川管理施設の許可工作物撤去訓練及び安全点検や巡視等を行っています。災害時には、河川水位状況、雨量、強風状況等の情報連絡を通じて、水防活動に支援・協力を頂くこととなっています。

　次の「イオンリテール株式会社・イオン枚方店」は京阪電鉄枚方市駅近くの大手量販店であり、平常時は枚方市が作成した洪水ハザードマップや当組合の水防団員募集ポスターの掲示・チラシの配付等、また地域住民を対象と

した避難訓練へ、営業に支障の無い範囲で参加等を行うこととしています。一方災害時には、館内放送を通じて、地域住民に対する洪水注意報、警報等の広報活動等を行い、早急な避難行動の実施を呼びかける等、水防活動に支援・協力を頂くこととなっています。

図表2-82

　平成30年から、近畿地方整備局において水防協力団体の活動を周知していくことを目的としたシンボルマーク「水防協力団体の表示」を設けて頂きましたので、本年２月に各団体に表示証の交付を行いました。

　今後とも、各団体を始め民間の皆様と連携を深め、防災力・減災力の向上に努めてまいります。

5．今後の課題について

　現在、当組合の水防団員は平均年齢が61.8歳、定員に対する充足率も53.6％となっています。今後、高齢化に伴う退団者数の増加も危惧され、訓練時・災害時の出動状況にも影響が考えられるところです。

　水防団幹部の皆さんにも団員確保の取り組みをお願いしていますが、関係市に対しても市広報への水防団活動の掲載や、「市民まつり」等のイベント時に「水防団員募集コーナー」を設置してもらう等、水防団員募集の情報提供や、募集活動の協力等をお願いしています。特に比較的若い層の方々に水防活動の内容や重要性を理解していただく必要がありますので、様々な手法を検討しながらさらに広報等の充実に努め、水防活動の充実に努めてまいりたいと考えております。

⒂　水防活動の取組

一般社団法人栃木県建設業協会

1．「地域の守り手」としての活動

　（一社）栃木県建設業協会は、栃木県の土木事務所毎に所在する10支部で構成され、「地域の守り手」として災害対応、社会貢献活動に取り組んでいます。また、各支部には建設事業協同組合が併設されていますが、現在9協同組合において栃木県より道路及び河川の維持管理業務を共同受注しています。維持管理業務は、下表のとおり、道路は県管理国県道3,487km中3,400km（97.5%）、河川は県管理2,473km中2,429km（98.2%）、砂防施設は1,211箇所となっています。

支部名（栃木県建設業協同組合連合会）	土木事務所名	組合員数	県管理国県道（km）	業務委託道路		業務委託河川		砂防施設
				路線数	km	河川数	km	
宇都宮（宇都宮建設事業協同組合）	宇都宮	76	354	41	375	21	193	82
鹿沼（鹿沼建設業協同組合）	鹿　沼	23	263	30	263	16	205	94
日光（日光建設業協同組合）	日　光	29	482	39	482	64	416	307
芳賀（芳賀建設業協同組合）	真　岡	29	418	54	426	25	193	148
下都賀（下都賀建設業協同組合）	栃　木	57	500	74	510	22	202	94
塩谷（塩谷建設業協同組合）	矢　板	25	291	33	303	36	283	78
那須（栃木県北建設業協同組合）	大田原	41	636	51	638	74	602	147
烏山（栃木県那須南部建設業協同組合）	烏　山	16	218	24	218	33	186	181
安蘇（安蘇建設業協同組合）	安　足	18	321	31	185	11	149	80
足利（わたらせ建設業協同組合）		14		0	0	0	0	0
合　　　計		328	3,487	377	3,400	302	2,429	1,211
			県管理河川	291	2,473			

図表2-83　＜栃木県管理道路・河川と業務委託＞

　このため、各協同組合では、本会が独自に開発した「道路河川等管理情報システム」を使用して、除雪や道路・河川の維持管理業務やパトロール報告などの防災活動、水防活動を実施しています。

２．水防協力団体の指定

　本会は、平成23年３月24日に水防法第36条に基づき矢板市より「水防協力団体」に指定されたのを皮切りに、６支部が地区担当として、９市８町から「水防協力団体」として指定を受けています。

　各市町及び栃木県へは毎年度当初に「水防協力団体業務計画書」を提出し、担当河川を決めた構成員名簿、構成員別主要資・機材及び活動人員表、河川災害時緊急連絡網、構成員別活動位置図等を提出しています。

　水防活動は、水防訓練、出水状況写真撮影、河川巡視ですが、出水時の活動開始基準は、大雨洪水警報発令時、台風接近など増水の恐れがある場合、警戒水位を超えた場合、市町の長から要請があったときなどになっています。

３．水防訓練等への参加

　栃木県全体の関係機関等合同の訓練として、栃木県と市町持ち回りで実施している総合防災訓練に本会も参加し、行政・医療・福祉・建設・ライフライン・輸送・消防防災機関等と連携を図り、防災訓練を実施しています。

　水防訓練への参加としては、市町などの水防管理者主催による訓練、及び本会独自に行う訓練などを実施しています。訓練内容は、平成26年７月に行われた南那須地区総合水防訓練では、那珂川脇の那須烏山市大桶運動公園において、台風による集中豪雨により河川堤防が多数決壊したとの想定で、広

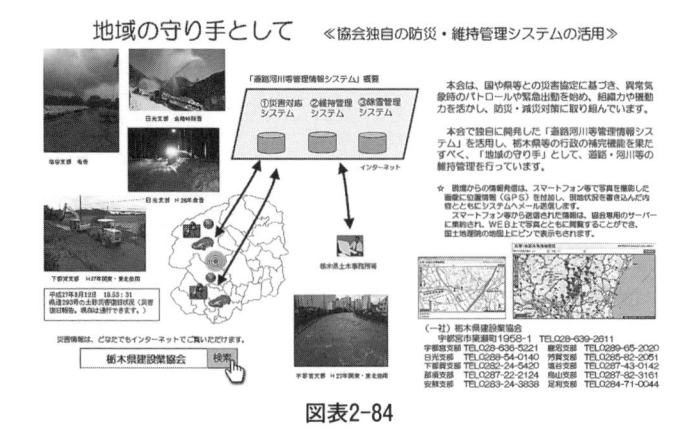

図表2-84

報、避難誘導、本部設置、救護所設置、大型重機による大型土のう作成と堤防復旧、消防団による積土のう、倒木等除去、防災ヘリによる救出・偵察、道路冠水を想定した消防車両による排水活動訓練等に参加したところです。

　本会では、水防訓練の一環として越水対策工法の演習も行っており、大型クレーンによる波消ブロック設置工を始め、「大型土のう工法」、「小型土のう工法」、「築廻し工法」、「五徳縫い工法」、「木流し工法」、「シート張り工法」、「月の輪工法」等も実習しています。

　また、本会独自の水防訓練として、市町、県土木事務所の参加による、「道路河川等管理情報システム」を使用した、河川パトロールと重要水防箇所の情報伝達訓練も実施しています。

　最近の水防訓練等の実施状況は以下のとおりです。

（協会 HP に「地域の守り手」としての活動を取り纏めてありますので参照してください。http://www.tochiken.or.jp/?post_type＝contribution）

平成28年度

①平成28年6月15日　参加者約100名　於　栃木県危機管理センター
　「道路河川等管理情報システム」を活用した国土交通省、栃木県、栃木県警察本部、防衛省自衛隊及び本会との合同情報伝達訓練。

②平成28年7月27日　芳賀支部　参加者100名　於　真岡市

③平成28年8月31日　烏山支部　参加者100名　於　烏山土木事務所

④平成28年8月28日　栃木県・さくら市総合防災訓練　於　さくら市

平成29年度

①平成29年6月4日　鹿沼市水防管理者主催による「鹿沼市水防協力団体水防訓練」鹿沼支部　消防団員含め参加者約130名　於　鹿沼市

②平成29年6月8日　宇都宮支部　参加者約100名　於　宇都宮市
　「道路河川等管理情報システム」を活用した栃木県宇都宮土木事務所、宇都宮市、宇都宮支部との合同情報伝達訓練。

③平成29年6月16日　参加者約100名　於　栃木県危機管理センター
　「道路河川等管理情報システム」を活用した国土交通省、栃木県、栃木県警察本部、防衛省自衛隊及び本会との合同情報伝達訓練。

④平成29年7月25日　参加者約60名　於　烏山土木事務
　「道路河川等管理情報システム」を活用し、栃木県烏山土木事務所、那

図表2-85　訓練写真等

　須烏山市、烏山支部との合同水防情報伝達訓練。

⑤平成29年8月27日　栃木県・大田原市総合防災訓練　於　大田原市

⑥平成29年9月4日　芳賀支部（芳賀建設業協同組合）主催、栃木県真岡土木事務所後援による水防訓練　水防協力団体として「道路河川等管理情報システム」を使用し、群市内の災害状況を概ね1時間以内に集約し土木事務所及び各市町に災害状況を報告出来る体制を取っているが、真岡市五行川左岸に水害が発生との想定で対応策として重機による波消しブロックの設置と各種水防工法の実習を行いました。

⑦平成29年10月3日

　「道路河川等管理情報システム」を活用した栃木県塩谷土木事務所と塩谷支部との水防情報伝達訓練

4．平成27年9月関東・東北豪雨での取組み

　関東・東北豪雨では、栃木県を始め各市町で立ち上げられた災害対策本部に合わせて本会でも災害協定に基づき災害対策本部を立ち上げ、栃木県及び各土木事務所の指示により情報収集、応急復旧、交通安全対策などを実施しました。情報収集においては、土木事務所からの指示により全支部で道路と河川のパトロールを実施するとともに、「道路河川等管理情報システム」に報告された309件の被災情報（写真・地図）を取り纏め、栃木県県土整備部に報告しました。また、応急復旧工事についても、100件を超える被災箇所

図表2-86　平成27年９月関東・東北豪雨での河川パトロール報告事例

に対して本会で対応したところです。

５．課題と対応

　東日本大震災、平成26年豪雪、平成27年９月関東・東北豪雨というように、大災害が頻繁に発生しています。私たち地方建設業者（栃木県建設業協会）は、誰よりも先んじて災害現場に駆けつけ、初期対応やライフラインの復旧・復興に当たってきました。

　しかし、栃木県建設業協会の従業員の年齢構成は、40代をピークに50代、60代が続いており、10代、20代が12.5％で、60代以上が23.5％なので、このまま若年者の入職者の確保や育成ができなければ、10年後には社会資本整備や災害対応の担い手が不足することになります。

　このため本会では、県民の防災・減災と地域経済の自立と活性化のための

公共工事の必要性を広く社会に訴えるとともに、大型土のう簡易製作機の開発による省力化、生産性の向上（ICT 土工、i-Construction への取組み）や働き方改革（週休2日制、若手入職者確保への取組）、更には統合維持管理業務受注に取り組み、将来にわたり「地域の守り手」の使命を果たすべく努力しているところです。

図表2-87　平成29年九州北部豪雨災害対応業務で活用された大型土のう簡易製作機

第3章　参考資料

大規模氾濫に対する
減災のための治水対策のあり方について
～社会意識の変革による「水防災意識社会」の再構築に向けて～

答申

$$\left[\begin{array}{l}\text{平成27年12月}\\\text{社会資本整備審議会}\end{array}\right]$$

1．はじめに

　平成27年9月関東・東北豪雨災害では、鬼怒川において堤防が決壊し、氾濫流による家屋の倒壊・流失や広範囲かつ長期間の浸水が発生した。また、これらに避難の遅れも加わり、近年の水害では類を見ないほどの多数の孤立者が発生した。

　我が国では、近代的河川改修が実施される以前の施設の能力が低く水害が日常化していた時代には、水害を「我がこと」として捉え、これに自ら対処しようとする意識が社会全体に根付いていた。例えば、各家において水屋（水害時の避難場所として高い場所に作った建物）や上げ舟（水害に備えて軒下等に備え付けられた小舟）等が備えられていたことはその象徴である。

　その後、近代的河川改修が進み、水害の発生頻度が減少したことに伴い、社会の意識は「水害は施設整備によって発生を防止するもの」へと変化していった。

　今後、気候変動により、今回の鬼怒川のような施設の能力を上回る洪水の発生頻度が高まることが予想されることを踏まえると、河川管理者を筆頭とした行政や住民等の各主体が、「施設の能力には限界があり、施設では防ぎきれない大洪水は必ず発生するもの」へと意識を変革し、社会全体で洪水氾濫に備える必要がある。

　このようなことから、平成27年10月に国土交通大臣から社会資本整備審議会会長に対して「大規模氾濫に対する減災のための治水対策のあり方について」が諮問され、同会長より河川分科会長あてに付託された。これを受け、「社会資本整備審議会　河川分科会　大規模氾濫に対する減災のための治水対策検討小委員会」を平成27年10月に設置した。その後、計2回の小委員会を開催し、大規模氾濫に対する減

災のために「速やかに実施すべき対策」及び「速やかに検討に着手し、早期に実現を図るべき対策」を具体的に提示し、答申をとりまとめた。

２．平成27年９月関東・東北豪雨災害を踏まえて対応すべき課題

⑴　鬼怒川における水害の概要

　平成27年９月関東・東北豪雨では、台風18号及び台風から変わった低気圧に向かって南から湿った空気が流れ込み、９月10日から11日にかけて、関東地方や東北地方において大量の降雨があり、栃木県日光市五十里観測所で24時間雨量が551㎜を記録する等、多くの地点で24時間雨量が観測史上最多を記録した。

　これに伴い、鬼怒川流域においても流域平均24時間雨量が観測史上最も多い410㎜（速報値）を記録し、平方地点及び鬼怒川水海道地点において、観測史上最大の流量を記録した。

　この洪水により、常総市三坂町地先で越水により堤防が決壊したほか、若宮戸地先等で溢水が発生し、常総市においては市の約三分の一に相当する約40㎢が浸水した。

　常総市三坂町地先では、堤防の決壊に伴い発生した氾濫流により、堤防近傍の多くの家屋が倒壊・流失した。

　広範囲にわたる浸水等に加え、市町村からの避難勧告等が遅れたことや住民の主体的な避難が十分ではなかったことがあいまって、多くの住民が孤立し、約4,300人が救助される事態となった。

　鬼怒川においては、下流から順次堤防の整備等が進められてきていたが、堤防が決壊した常総市三坂町地先までの整備には至っていない状況であった。

　洪水時に、各地で水防活動が実施されたが、多くの箇所で漏水・溢水・内水氾濫が生じたことに加え、避難の呼び掛けや誘導等も実施する必要があったことから、必ずしも全ての箇所で土のう積み等を実施することができたわけではなかった。

　常総市においては、多くの避難者が発生し、浸水の影響等により市内の避難場所への避難が困難になったことから、緊急的に隣接市と調整を行い、避難者の半数以上が市外の避難場所に避難することとなった。

　堤防決壊後、全国から集めた最大51台の排水ポンプ車等による排水作業が24時間体制で行われたが、宅地及び公共施設の浸水を解消するまでに10日間を要した。

⑵　水害の特徴

　以上を踏まえた鬼怒川における水害の主な特徴は、以下に掲げるとおりである。
　○多くの住宅地を含む広範囲が長期間にわたり浸水したこと
　○堤防の決壊に伴い発生した氾濫流により、堤防近傍の多くの家屋が倒壊・流失したこと
　○避難勧告等の発令が遅れたこと

○近年の洪水氾濫では類を見ないほどの多数の孤立者が発生したこと

○必ずしも十分な土のう積み等の水防活動が実施できなかったこと

○緊急的な調整により設置された市外の避難場所に、避難者の半数以上が避難したこと

(3) 対応すべき課題

この度の鬼怒川の水害で発生した事象は、鬼怒川特有のものではなく、全国の主要な河川で同様に発生する可能性があり、また、気候変動により今回のような施設の能力を上回る洪水の発生頻度が高まることが予想されることを踏まえると、以下に掲げる課題に対応する施策をできるだけ早期に講じる必要がある。

○堤防決壊に伴う氾濫流により家屋が倒壊・流失したことや多数の孤立者が発生したことを踏まえると、住民等に対し、堤防の決壊に伴う氾濫流により家屋の倒壊等のおそれがある区域（家屋倒壊危険区域）、浸水深が大きい区域、長期間浸水が継続する区域からの立ち退き避難を強力に促す必要がある。

しかしながら、この度の水害を踏まえると、河川管理者等から提供される防災情報の分かりにくさや説明不足等もあり、市町村、住民等ともに、水害リスクについての知識や心構えが十分ではなく、各主体がいざというときに適切に判断し行動することができないことが懸念される。

○この度の水害では、市境を越えた広域避難が実施されたが、これは常総市内の避難場所への避難が困難になったことを受けて、緊急的に調整し実施されたものである。このような広域避難について事前に十分な準備がなされなければ、より大規模な氾濫やより多数の避難者が発生した場合には、避難が間に合わなくなることも想定される。

○水防団員や消防団員の減少・高齢化・サラリーマン化が進行している中で、洪水時において水防活動に従事する人員の今後より一層の減少が見込まれている。また、様々な災害に対応しなくてはならない消防団が水防活動を担っている場合が多く、水防活動に関する専門的な知見の習得が必ずしも十分ではない場合もある。一方で、きめ細かな避難誘導等、近年、期待される水防活動は量的にも質的にも増加しており、多岐にわたる水防活動を的確に実施できなくなることが予想される。

○家屋の倒壊・流失、長期間の浸水という水害リスクが住民等に十分に伝わっていないため、前述の避難行動だけでなく、住まい方や土地利用等にも活かされていない。

○この度の水害では堤防整備に至っていない箇所で決壊した。一方、河川整備を

　進めるためには上下流バランスの確保等を図る必要があり、また財政等の制約もあることから、氾濫の危険性が高い区間であっても早急に解消することは困難な場合がある。このような区間においては、相当の期間、そのままの状態が継続することとならざるを得ない。

　このことに加え、今後の気候変動も踏まえると、整備途上はもちろんのこと、整備が完了した区間であっても堤防の決壊による甚大な被害が発生する危険性が高まることが予想される。

　これらのことを踏まえると、大規模な洪水に対して被害の軽減を図るためには、従来の「洪水を河川内で安全に流す」施策だけで対応することには限界がある。

3. 対策の基本方針

　これらの鬼怒川における水害及び今後の気候変動を踏まえた課題に対し、従来型の対策だけで対処することは極めて困難である。

　これらの課題に対応するためには、河川管理者等はもとより、地方公共団体、地域社会、住民、企業等が、その意識を「水害は施設整備によって発生を防止するもの」から「施設の能力には限界があり、施設では防ぎきれない大洪水は必ず発生するもの」へと変革し、氾濫が発生することを前提として、社会全体で常にこれに備える「水防災意識社会」を再構築する必要がある。

　具体的には、

　・行政や住民、企業等の各主体が、水害リスクに関する十分な知識と心構えを共有し、避難や水防等の危機管理に関する具体的な事前の計画や適切な体制等が備えられているとともに、

　・施設の能力を上回る洪水が発生した場合においても、浸水面積や浸水継続時間等の減少等を図り、避難等のソフト対策を活かすための施設による対応が準備されている

社会を目指すべきである。

○このため、

　①河川管理者等が流域における水害リスクを適切に評価し、

　②ハザードマップ等のソフト対策により、当該水害リスク情報を社会全体で共有し、

　③河川管理者、地方公共団体、住民、企業等が連携・協力し、必要に応じて一体的な対策を実施すること等により、より一層効率的・効果的な減災に関する対策を実施していく

ための施策を強力に展開していく必要がある。

　・その際、河川ごとに提供されている水害リスクに関する情報を土地ごとの情報として提供することにより、自分が住んでいる場所等の情報として入手しやすくすることや、水位計等の情報基盤の充実や防災情報の収集・提供方法の改善等を図ることにより、洪水氾濫の切迫度が伝わりやすくすること等、ソフト対策について、これまでの河川管理者等の行政目線のものから住民目線のものへと転換するべきである。これにより、利用者のニーズを踏まえた、真に実戦的なソフト対策の展開を図る必要がある。

　・これと併せて、特に河川管理者において、ハード対策の付加的な存在として認識されがちであったソフト対策について、ハード対策とソフト対策は互いを補完しあうものであり「ソフト対策は必須の社会インフラである」との認識を高

め、その計画的な整備・充実を図るため、市町村等の取組に対して河川管理者
等が積極的に協力・支援することも必要である。

・また、ソフト対策のうち、水防活動について、「河川整備と水防は治水の両輪」
との意識の下、河川管理者等の協力・支援をさらに強化する必要がある。

○また、河川管理者自らが施設の能力の限界を再認識し、従来からの「洪水を河川
内で安全に流す」ためのハード対策に加え、

・施設の能力を上回る洪水による水害リスクも考慮して、氾濫が発生した場合に
おいても被害の軽減を図るための整備手順の工夫や

・越水等が発生した場合においても決壊までの時間を少しでも引き延ばしたり、
氾濫水を速やかに排水したりするための施設の強化　等

ソフト対策を活かし、人的被害や社会経済被害を軽減するための施設による対応
（以下、「危機管理型ハード対策」という。）を導入し、これらにより、想定最大
規模の洪水までを考慮した流域の水害リスクの低減を図る河川整備へと転換を図
る必要がある。

4．速やかに実施すべき対策

次期出水期までに一定の効果を発現させるべく、現時点における制度等の下で実施可能な以下に掲げる取組を速やかに実施すべきである。

(1) 市町村長による避難勧告等の適切な発令の促進

① 避難勧告等の発令判断を支援するためのトップセミナーの開催

引き続き、洪水予報やホットラインなど、洪水時に河川管理者等から提供される情報とその対応等について市町村長と確認するためのセミナーを早期に開催するとともに、出水期前等に定期的に開催すること。

② 洪水に対しリスクが高い区間の市町村等との共同点検

引き続き、洪水に対しリスクが高い区間（流下能力が低い区間や過去に漏水があった箇所等、国管理河川においては堤防必要区間延長約13,000kmのうち2割程度の区間）について、市町村、水防団、自治会等との共同点検を早期に実施するとともに、出水期前等に定期的に実施すること。その際、当該箇所における氾濫シミュレーションを明示する等、各箇所が決壊した場合の危険性を共有できるよう工夫すること。

③ 時系列氾濫シミュレーションの公表

避難勧告等の発令範囲の決定に資するため、堤防の想定決壊地点毎に氾濫が拡大していく状況が時系列で分かるシミュレーションを市町村に提供するとともに、ホームページ等で公表すること。その際、シミュレーションの内容や精度について、専門用語を極力使わない等の工夫をした分かりやすい説明を加えるとともに、ホームページへの掲載にあたっては、利用者が検索により容易にアクセスできるようにする等、当該情報の周知及び理解の促進を図ること。

④ 洪水予報文の改良

市町村や住民等に対し越水等に関する切迫度が伝わるよう、洪水予報文を改良するとともに、確実に情報が伝わるよう伝達手法を改善すること。

⑤ 水位等の情報を市町村と共有するための施設の整備

洪水氾濫の切迫度や危険度を的確に把握できるよう、洪水に対しリスクが高い区間における水位計やライブカメラの設置等を行うとともに、上流の水位観測所の水位等も含む水位情報やリアルタイムの映像を市町村と共有するための情報基盤の整備を進めること。

⑥ タイムラインの整備と訓練

避難勧告等に着目したタイムライン（時系列の防災行動計画）の整備を進めるとともに、これに基づく訓練を継続的に実施すること。その際、市町村長の参加を得て行うことや、ロールプレイング方式を活用する等により実戦的な訓練とす

ることが重要である。

⑦　河川管理に従事している職員の説明能力向上のための研修の実施

今後、河川管理に従事している国土交通省や都道府県の職員が、市町村の職員や住民等に対し、降雨から洪水が発生するまでのメカニズムや防災情報の意味等について、これまで以上に積極的に説明していく必要がある。そのための人材を育成するため、国土交通省や都道府県の職員を対象とした説明能力向上のための研修を実施すること。

(2)　住民等の主体的な避難の促進

①　洪水に対しリスクが高い区間の住民への周知

引き続き、洪水に対しリスクが高い区間について、ホームページへの掲載や市町村の広報等を通じて住民への周知の徹底を図ること。その際、専門用語を極力使わない等の工夫をしたわかりやすい説明を加えるとともに、ホームページへの掲載にあたっては、利用者が検索により容易にアクセスできるようにする等、当該情報の周知及び理解の促進を図ること。

②　時系列氾濫シミュレーションの公表（再掲）

堤防の想定決壊地点毎に想定した時系列の氾濫シミュレーションをホームページ等で公表し、住民への周知を図ること。その際、シミュレーションの内容や精度について、専門用語を極力使わない等の工夫をしたわかりやすい説明を加えるとともに、ホームページへの掲載にあたっては、利用者が検索により容易にアクセスできるようにする等、当該情報の周知及び理解の促進を図ること。

③　街の中における想定浸水深の表示

水防法の改正に伴う想定最大規模の洪水による洪水浸水想定区域の公表を加速するとともに、洪水浸水想定区域の公表と併せて街の中における想定浸水深の表示を徹底して進めること。

④　家屋倒壊危険区域の公表

想定最大規模の洪水により家屋が倒壊・流失するおそれがある区域（家屋倒壊危険区域）を早期に公表すること。その際、市町村等と連携し説明会を開催する等により住民への周知を徹底すること。

⑤　スマートフォン等を活用した情報の提供

スマートフォン等を活用した、

・洪水予報等をプッシュ型で提供するためのシステム

・自分がいる場所のハザードマップに関する情報やリアルタイムの水害リスク情報等を入手可能なシステム

について、次期出水期までに運用を開始できるよう、整備等を進めること。その
際、関連するコンテンツをワンストップで閲覧できるようにする等、利用者の視
点に立ったものとすること。また、市町村の広報等を通じた周知や、検索により
容易にコンテンツにアクセスできるようにする等により、システムの活用の促進
を図ること。

⑥　河川管理に従事している職員の説明能力向上のための研修の実施（再掲）

　今後、河川管理に従事している国土交通省や都道府県の職員が、市町村の職員
や住民等に対し、降雨から洪水が発生するまでのメカニズムや防災情報の意味等
について、これまで以上に積極的に説明していく必要がある。そのための人材を
育成するため、国土交通省や都道府県の職員を対象とした説明能力向上のための
研修を実施すること。

(3)　的確な水防活動の推進

①　堤防の連続的な高さについての調査の実施

　水防活動の重点化・効率化に資するため、堤防の縦断方向の連続的な高さにつ
いてより詳細に把握するための調査を早急に行い、越水に関するリスクが特に高
い箇所を特定するとともに、その情報を水防団等と共有すること。

②　洪水に対しリスクが高い区間の水防団等との共同点検

　引き続き、出水期前等に定期的に重要水防箇所等の洪水に対しリスクが高い区
間について、市町村、水防団、自治会等との共同点検を確実に実施すること。そ
の際、当該箇所における氾濫シミュレーションを明示する等、各箇所の危険性を
共有できるよう工夫すること。また、出水時に優先的に実施すべき水防活動を確
認する等、水防団等との継続的な情報共有に努めること。

(4)　減災のための危機管理型ハード対策の実施

　堤防の整備等の計画的な河川整備については、引き続き着実に推進するべきであ
る。

　その上で、施設の能力を上回る洪水に対しても被害の軽減を図るため、水害リス
クが高いにもかかわらず上下流バランス等の観点から、当面の間、治水安全度の向
上を図ることが困難な箇所について、優先して、越水等が発生した場合でも決壊ま
での時間を少しでも引き延ばすよう堤防構造を工夫する対策を推進すること。その
実施にあたっては、地域におけるソフト対策と一体的に実施する等、より一層の効
果が発現されるよう留意するとともに、上下流バランスの確保の必要性等の河川整
備の特徴について住民等に分かりやすく説明すること。

５．速やかに検討に着手し、早期に実現を図るべき対策

　４．に示した現時点における制度等の下で実施する対策だけでは限界があることから、課題解決に向けて、従来からの枠組み等を変えていく必要がある。このため、以下に掲げる施策について、速やかに検討に着手し、今後概ね２～３年を目途に実現を図るとともに、技術研究開発を積極的に進めるべきである。

⑴　円滑かつ迅速な避難の実現

①　避難行動に直結するハザードマップへの改良

　これまでのハザードマップは、一般的に浸水深と避難場所の位置等が示されているものであり、必ずしも住民等の避難行動に直結するものにはなっていなかった。このため、家屋倒壊危険区域、浸水深が大きい区域、長期間浸水が継続する区域を、立ち退き避難が必要な区域として表示する等、住民等がとるべき行動を分かりやすく示すことにより、避難行動に直結するものへと改良するため、必要な措置を講じること。また、その公表と併せて、想定浸水深等のハザードマップに関する情報を街の中に表示することを強力に促進すること。

②　洪水浸水想定区域データ等のオープン化

　多様な主体が水害リスクに関する情報を多様な方法で提供することが可能となるよう、洪水浸水想定区域に関するデータ等をオープン化すること。

③　洪水氾濫と同時に発生する内水浸水に関する情報の提供

　住民等の適切な避難行動に資するため、内水浸水を考慮した洪水氾濫シミュレーションを行う等、洪水氾濫と同時に発生する内水浸水に関する情報を、洪水ハザードマップ等を通じて周知できるよう、必要な措置を講じること。

④　避難に関する計画の作成等に対する河川管理者等の協力

　河川管理者等が行う洪水時における水位等の防災情報の提供と市町村が行う避難に関する計画の作成は、これまでそれぞれが個別に行ってきており、必ずしも、防災情報が避難に関して十分なものとなっておらず、また、避難に関する計画が防災情報を十分に活用したものとなっていない。

　このため、広域避難も視野に入れ、

　　・洪水時の水位等の防災情報の内容と発表のタイミング

　　・避難勧告等に関するタイミングや範囲

　　・避難場所や避難経路　等

の防災情報に関する事項と避難に関する計画について、連携して適切に定めることができるよう、市町村と河川管理者等が参画した協議会等の仕組みを整備すること。この仕組みは、避難に関する計画の作成だけでなく、水防や内水の排水に関するルール化等の減災に関する様々な課題にも連携して対応できる仕組みとす

ること。

⑤　市町村長に対し助言を行う者の育成・派遣

市町村長による適切な避難勧告等の発令の判断等に資するため、防災に精通した市町村職員の育成や、洪水時・平常時に助言を行うアドバイザーの育成・派遣等について、資格の付与も視野に入れて研修を充実する等の仕組みづくりを行うこと。

⑥　洪水警報等と洪水予報等の運用の改善

気象台は洪水警報等を発表し、河川管理者と気象台が共同して洪水予報等を発表しているが、住民にはその違いが分かりにくいものになっている。このため、市町村や住民に災害発生に関する切迫度が上昇していく状況が効果的に伝わるよう、関係省庁と連携し、洪水注意報・警報と洪水予報・水位周知の役割を明確にしつつ、切迫度等を分かりやすく伝える仕組みを整備すること。

(2)　的確な水防活動の推進

①　自主防災組織等の水防活動への参画

水防団や水防管理団体の人員・財政が限られる中、土のう積み、河川の状況把握、避難誘導等を行う水防体制を確保できるよう、河川管理者等の協力・支援を充実させるほか、水防協力団体制度や地区防災計画制度の活用を提案する等、自主防災組織や企業等の参画を促進すること。

②　水防活動の効率性の向上

水防活動を効率的・効果的に行うことができるよう、水防活動の優先度をより明確化することによる重要水防箇所の見直しを図るとともに、水防資機材の技術開発とその普及のための仕組みづくり等を行うこと。

(3)　水害リスクを踏まえた土地利用の促進

①　住宅地以外における想定浸水深の表示

開発業者や宅地の購入者等が、土地の水害リスクを容易に認識できるようにするため、現在住宅地を中心に行われている街の中における想定浸水深の表示について、住宅地以外にも拡大すること。

②　洪水浸水想定区域データ等のオープン化（再掲）

多様な主体が水害リスクに関する情報を多様な方法で提供することが可能となるよう、洪水浸水想定区域に関するデータ等をオープン化すること。

③　水害リスクを認識した不動産売買の普及

水防法の改正に伴う洪水浸水想定区域の見直しの機会をとらえ、不動産関連事

業者を対象とした洪水浸水想定区域の説明会を開催する等、水害リスクも認識した上での不動産売買の普及に向けた取組を強化すること。

④　災害時に拠点となる施設における水害対策の促進

水防法の改正に伴う洪水浸水想定区域の見直しの機会をとらえ、市町村役場や災害拠点病院等の災害時において様々な活動の拠点となる施設の関係者に対し、水害リスクに関する情報を提供し、これら施設における水害対策を促進すること。

⑷　「危機管理型ハード対策」とソフト対策の一体的・計画的な推進

①　ハード・ソフトの一体的・計画的な推進のための仕組みの整備

これまでは、防災はハード対策で、減災はソフト対策で行うことを基本として、それぞれの取組が個別に進められてきたところであるが、今後は「危機管理型ハード対策」を導入することに伴い、想定最大規模の洪水が発生した場合における減災に関する長期的な目標を設定する等、「危機管理型ハード対策」とソフト対策を一体的に計画し、実施するための仕組みを構築すること。

②　減災も対象とした河川整備計画への見直し

河川整備計画について、目標とする洪水流量を安全に流下させることに主眼を置いた従来の計画から、

・「氾濫を防止すること」だけでなく、「氾濫が発生した場合においても被害の軽減を図ること」も目的として追加し、

・流域における施設の能力を上回る洪水による水害リスクを考慮した「危機管理型ハード対策」を組み込んだ

計画へと見直しを図ること。

③　既設ダムにおける危機管理型運用方法の確立

既設ダムについて、下流河川の氾濫時又はそのおそれがある場合における操作方法等、危機管理型の運用方法について確立し、個々のダムの操作規則等への反映を図ること。

⑸　技術研究開発の推進

①　氾濫の切迫度が伝わる水位情報提供システム等の開発

市町村や住民等に対して、水位観測所の水位だけでなく、自分が住んでいる土地の近傍の水位と堤防高の関係を把握できるようにするなどの氾濫の切迫度をリアルタイムで伝えることができるような水位情報提供システム等の開発を進めること。

② **リアルタイムで浸水区域を把握する技術の開発**

円滑な避難や的確な水防活動、さらには洪水氾濫時における浸水区域の精度の高い予測等を行うことができるよう、リアルタイムで洪水氾濫や内水浸水の状況を把握するための観測技術の開発を推進すること。

③ **中小河川における洪水予測技術の開発**

洪水予測精度を向上させるための技術開発、及び水位周知河川等の降雨から流出までの時間が短い中小河川における水位予測技術の開発を推進すること。

④ **減災を図るための堤防の施設構造等の研究**

堤防の施設構造の工夫や氾濫水の排水対策等の減災を図るための対策について、調査・研究・技術開発を推進すること。

⑤ **ダムへの流入量の予測精度の向上**

危機管理型のダム操作や利水容量を洪水調節に活用するための事前放流等に必要なダムへの流入量の予測精度の向上を図ること。

⑥ **水害リスクの把握に関する調査研究**

水害リスクを適切に評価するため、洪水氾濫が発生した場合に、経済活動等にどのような事態が発生するのかについて調査研究を進めること。

6．おわりに

　平成27年9月関東・東北豪雨により、鬼怒川の堤防が決壊し甚大な被害が発生した。このような施設の能力を上回る洪水は全国どこでも発生し得るとともに、気候変動により今後その発生頻度が高まることが予想される。

　今回被災した地域の住民からは「これまで浸水を経験したことはなかった」との声も聞こえるが、今後の気候変動を踏まえると、「これまでの経験はあてにならない」、「施設の能力には限界があり、施設では防ぎきれない大洪水は必ず発生するもの」、そして「その際には、自ら主体的に行動する」という意識を早急に社会全体に浸透させることが急務である。

　このような認識の下、小委員会では、社会全体で「水防災意識社会」を再構築するための施策について、約2カ月という短期間で集中的に議論を行い、本答申をとりまとめた。

　本答申では、減災の観点から実施すべき具体的なハード・ソフト対策を幅広く提案している。国土交通省は、本答申に基づき、早急に施策を展開するとともに、必要な検討を行うべきである。

　その際、本答申に基づく施策の展開にあたっては、市町村や水防管理団体の役割がこれまで以上に重要になることから、これらの団体に対し、財政面を含めた支援を強力に実施する必要がある。

　また、市町村や住民等に対し直接働きかけ等を行う地方整備局等、特に事務所や出張所の体制についても、その充実を図ることも必要である。

　平成27年11月に開催された「第2回国連水と災害に関する特別会合」において、皇太子殿下が基調講演をなされ、その中で、「人々の水災害を防ごうという想いが技術や制度を通して具体化する。この流れは現代においても変わらない。」旨をご発言されている。

　本答申に基づく施策や技術が、水災害を防ごうという想いの下、一日も早く実現するとともに、それらが不断に検証され、よりよい施策や技術へと昇華していくことを期待するものである。

社会資本整備審議会　河川分科会
大規模氾濫に対する減災のための治水対策検討小委員会

委員名簿

委員長　小 池 俊 雄　東京大学大学院工学系研究科　教授
委　員　久 住 時 男　新潟県見附市長
　　　　清 水 義 彦　群馬大学大学院理工学府　教授
　　　　関 根 正 人　早稲田大学理工学術院　教授
　　　　多々納裕一　京都大学防災研究所　教授
　　　　田 中　　淳　東京大学大学院情報学環総合防災情報研究センター長
　　　　田 村 圭 子　新潟大学危機管理本部危機管理室　教授

　　　　　　　　　　　　　　　　※敬称略　五十音順

中小河川等における
水防災意識社会の再構築のあり方について

答申

$$\left[\begin{array}{c} 平成29年1月 \\ 社会資本整備審議会 \end{array} \right]$$

1. はじめに　～水防災意識社会再構築の取組を加速せよ～

　平成28年8月、相次いで発生した台風による豪雨により、北海道では国管理河川の支川で堤防決壊、東北地方では県管理河川で氾濫被害が発生、特に岩手県が管理する小本川では要配慮者利用施設[※1]において入所者が逃げ遅れて犠牲になるなど、痛ましい被害が発生した。

　北海道への3つの台風の上陸、東北地方太平洋側への台風の上陸は、気象庁が1951年に統計を開始して以来、初めての事象である。気候変動という得体の知れない危機は、既に我々の目前に存在しているようである。気候変動の影響による災害外力の変化によって、水害の頻発化・激甚化が懸念されて久しいが、このような統計史上初の事象が、今後頻繁に発生することを覚悟せざるを得ない。

　一方、我々の社会が直面している課題に、治水政策も直面した。今回の一連の台風による豪雨により甚大な被害を受けた各河川は、一級水系の支川の国管理区間や都道府県が管理する中小河川である。このような中小河川等は、整備水準が必ずしも高くないことに加え、今後、人口減少の影響を受ける地域である。

　平成27年9月に発生した関東・東北豪雨を受け、気候変動により施設能力を上回る洪水の発生頻度が高まることが予想されるため、社会の意識を「施設には限界があり、施設では防ぎきれない大洪水は必ず発生するもの」へと変革を促し、社会全体で常に洪水氾濫に備える「水防災意識社会」を再構築することが必要であると提言したところである[※2]。

　国土交通省においては、この答申を踏まえ、「水防災意識社会」の再構築の取組[※3]を、全国の国管理河川において進め、今夏より都道府県が管理する河川にもこの取組を拡大して進めているところであった。

　今回の中小河川等における被害の状況に鑑みると、ただちに水防災意識社会再構築の取組を加速し、都道府県が管理する中小河川においても本格展開すべきである。立ち止まって考える猶予はなく、可能なことから即座に実行し、次期出水期までに一部でも効果を出すよう努力すべきである。

取組を本格展開するにあたっては、逃げ遅れによる人的被害をなくすこと、地域社会機能の継続性を確保すること、を目指すべきである。

　これらを達成するための基本的な方針は、①水害リスク情報等[※4]を地域と共有することにより、要配慮者利用施設等を含めて命を守る確実な避難を実現すること、②治水対策の重点化・集中化を進めるとともに、既存ストックの活用等、効率的・効果的な事業を推進し、社会経済に大きな影響を与える施設の保全を図ること、③逃げ遅れによる人的被害をなくすとともに、地域社会機能の継続性を確保するため、関係機関が相互に連携・支援し、総力を挙げて一体的に対応すること、と考える。

　平成27年12月の提言に加え、本答申で提言した取組を、スピード感を持って制度化・事業化することにより、「水防災意識社会」の再構築が一日も早く実現し、尊い命が守られ、地域社会経済に対する被害を限りなく低減させることを切に期待するものである。

※1　水防法第15条１項４号ロ：要配慮者利用施設
　　　（社会福祉施設、学校、医療施設その他の主として防災上の配慮を要する者が利用する施設）
※2　社会資本整備審議会：大規模氾濫に対する減災のための治水対策のあり方について〜社会意識の変革による「水防災意識社会」の再構築〜、2015
　　　http://www.mlit.go.jp/river/shinngikai_blog/shaseishin/kasenbunkakai/shouiinkai/daikibohanran/pdf/1512_02_toushinhonbun.pdf
※3　国土交通省水管理・国土保全局：水防災意識再構築ビジョン、2015
　　　http://www.mlit.go.jp/common/001113067.pdf
※4　平常時から提供する浸水想定区域図等の「水害リスク情報」と洪水時において水位に基づき発表する防災情報等を併せて「水害リスク情報等」としている。

２．平成28年８月北海道・東北地方を襲った一連の台風による被害

2.1　豪雨の概要[※5]

　平成28年８月に相次いで発生した台風第７号、第11号、第９号はいずれも北海道に上陸し、台風第10号は強い勢力を保ったまま、太平洋側から岩手県に上陸した。相次ぐ台風の影響による集中豪雨により、北海道・東北地方の各地で記録的な大雨をもたらし、北海道では、８月の月降水量がアメダス観測値225地点中89地点で観測史上１位を記録し、道東の太平洋側の広い地域では平年の２～４倍を超える降水量となった。また、北海道と東北地方合わせて、24時間降水量で８地点、72時間降水量で19地点が観測史上１位の降水量を記録した。

（台風第10号の影響による集中豪雨）

　北海道に上陸するルートをとらなかったものの、長時間にわたって供給された暖かく湿った空気の影響で、特に十勝川の右岸側の流域では総雨量が300㎜を超える大雨となった。

　十勝川水系札内川では８月29日～31日までの累加雨量は、戸蔦別川上流観測所で505㎜を記録し、南帯橋地点上流の流域平均雨量は、計画の降雨量を超え、札内川では河川整備基本方針における計画高水流量を超える流量を記録した。

　また、石狩川水系空知川では、上流域の串内観測所で12時間雨量292㎜を記録するなど、既往最大雨量の２倍近くに達する雨量を観測し、上流部に位置する金山ダムでは管理開始以降最大の流入量を記録した。

　東北地方では局地的に猛烈な雨を観測し、岩手県沿岸部を中心に記録的な大雨となった。

　岩手県が管理する小本川では、岩泉雨量観測所において１時間雨量が観測史上１位となる66㎜を記録し、赤鹿地点では、計画高水流量に近い流量を記録した。

（相次ぐ台風の影響による連続した集中豪雨）

　北海道では、８月17日に台風第７号、21日に第11号、23日に第９号が相次いで上陸し、さらに約一週間後に台風第10号が接近するなど、連続した台風の影響により記録的な大雨となった。

　常呂川では、連続する台風の降雨により、８月17日からの累加雨量が流域全体を通じて観測史上１位の降水量を記録し、台風第11号では、水位が下がりきらずに再び上昇する事態となった。本川の北見地点などにおいて河川整備基本方針における計画高水流量を超える流量を記録したが、その後も台風第９号や第10号などの降雨により高い水位が継続することとなった。

2.2 被害の概要[※5]

北海道では、一級水系の支川などの国管理区間において、4河川で堤防が決壊し5河川で氾濫が発生するとともに、道管理河川等においても5河川で堤防が決壊し、73河川で氾濫が発生するなど、死者3名、不明者2名、重軽傷者13名、住家の全壊30棟、半壊・一部損壊1,019棟、床上・床下浸水927棟など甚大な被害が発生した。

東北地方の県管理河川（岩手県、青森県、宮城県）では、12水系20河川で浸水被害が発生し、岩手県では死者20名、不明者3名、重軽傷者4名、住家の全壊472棟、半壊・一部損壊2,359棟、床上・床下浸水1,466棟など甚大な被害が発生した。

(1) 北海道における被害の概要

（国管理河川における主な被害状況）

○十勝川水系札内川では、道管理河川の支川戸蔦別川の決壊に伴う氾濫水により札内川の堤防が決壊した。これらにより、当該箇所周辺では約50haの浸水被害が発生した。

○石狩川水系空知川では、上流の堤防が先に決壊し、その氾濫水により下流の堤防も決壊した。これらにより、約130haが浸水し、住家183戸や食品加工工場等が被災した。

○常呂川水系では、本川で4箇所の越水と、支川柴山沢川での堤防決壊により、約504haの農地が浸水し、氾濫流により畑地の土壌が流出する被害が発生した。

（北海道管理河川における主な被害状況）

○十勝川水系ペケレベツ川及びパンケ新得川では、洪水により流出した土砂により河床が上昇するとともに河岸侵食、河岸決壊が発生し、河岸沿いの家屋が流出した他、河道幅が拡大して橋台背面が流出するなどの被害が発生した。

（交通網の被害状況）

○十勝地方に通じる国道を中心に落橋が相次ぎ、特に国道38号及び274号が日高山脈を境に通行止めとなり、道央地方と道東地方が分断され一時十勝地方が孤立状態となった。鉄道各線でも橋梁流出等により、道東を中心に路線網が寸断された。

※5 記載されている数値は速報値であるため、今後、変更となる可能性がある

（農業被害の状況）

○農業被害は、今回の一連の台風により、被害面積38,927ha、被害額543億円となった。このうち、農作物の被害額が全体の約半分を占め、全国シェア83%のばれいしょや同92%の秋にんじんなどは全国の主要市場に品薄感が広がり、価格高騰を招いた。

○浸水による被害だけでなく、農地の土壌そのものが流出し、復旧に長期間を要するなど地域産業に多大な影響を与えている。

(2)　**岩手県における被害の概要**

（岩手県管理河川における主な被害状況）

○久慈川及び安家川では、大量の流木を含む洪水により橋梁での河道埋塞や河岸沿いの家屋流出などの被害が発生した。

○小本川では、多量の土砂や流木を含む洪水により河川沿いの狭隘な土地の大部分が浸水したことや記録的な集中豪雨により、沿川の約340haが浸水し、住家など844戸の浸水被害が発生した。

（交通網の被害状況）

○洪水により、河川沿いの国道や主要地方道が寸断され、一時1,000名を超える住民が孤立状態になるなど、集落の分断が各地で発生する事態となった。

（要配慮者利用施設の被害状況）

○小本川では、河川沿いの狭隘な土地の大部分が浸水したことや記録的な集中豪雨による急激な水位上昇もあり、沿川の要配慮者利用施設において逃げ遅れによる被害が発生した。

2.3　水害の主な特徴

　今回の水害では、一級水系の支川の国管理区間の他、都道府県管理の一級河川の支川や二級河川などにおいて越水や侵食等による堤防決壊や溢水などが発生し、これにより家屋流出や橋梁被害が至る所で発生した。

　具体的な特徴は以下のとおりである。

○防災情報の伝達が不十分であったことに加え、中山間地域における河川特有の急激な水位上昇もあり、要配慮者利用施設において逃げ遅れによる甚大な人的被害が発生。

○中山間地域の河川では、河川沿いの狭隘な土地の大部分が浸水したことにより、

沿川の要配慮者利用施設や工場、家屋等で被害が発生。

○中小河川等では、土砂の流出による河床上昇や流木等による橋梁での河道埋塞などが発生。

○橋梁での河道埋塞や道路の洗掘等により、鉄道や国道など地域の重要路線が分断され、物流にも影響を与えたほか、生活道路などローカル交通ネットワークの途絶が相次ぎ、集落の分断等が各地で発生。

○高い全国シェアを占める農作物の産地が甚大な被害に見舞われたことにより、全国の主要市場でも価格が高騰するなどの影響が発生。

なお、五ヶ瀬川水系北川（宮崎県）では、平成28年9月の台風第16号において、平成9年出水と同規模の出水となったものの、平成9年以降に実施した水防災事業等（霞堤と併せて宅地嵩上げを実施）により被害が大幅に減少した。

3．気候変動・人口減少下における中小河川等の現状

　今回の一連の台風により甚大な被害を受けた各河川は、一級水系の支川の国管理区間や都道府県が管理する中小河川である。

　これらの中小河川等では、気候変動の影響に伴い集中豪雨の発生頻度が高くなると、流下断面が比較的小さいこともあり、洪水氾濫による被害が発生しやすくなる。加えて、その沿川は中山間地域である場合が多く、人口減少や高齢化の影響により地域防災力そのものが低下していることから、洪水等の自然災害に対して脆弱な地域となっている。

(1)　中小河川等の現状

　中小河川等は、一般に流域面積が小さく河川延長が短く、河床勾配も急である。河道の形状は掘り込み河道となっている場合が多く、有堤区間であっても単断面である場合が多い。

　中小河川等の流出特性は、流域面積が小さいため降雨のピークから流出までの時間が短く、かつ川幅も狭いことから、局所的に発生する集中豪雨等により急激な水位上昇を引き起こす場合が多い。

　中小河川等の上流部では狭隘な中山間地域を流下することが多く、大規模な洪水が発生した場合には、河川沿いの狭隘な土地のほとんどが浸水し、全面河道の様相を呈することがある。また、山腹崩壊等により多量の土砂や流木が発生し、河道埋塞による水位上昇等を引き起こす場合がある。

　河川の整備は、一般に、大河川の下流部など人口・資産が集中し、洪水氾濫により甚大な被害が発生するおそれのある地域を優先的に進められてきた。このため、沿川の人口や資産が分散あるいは点在している中小河川等は、河川整備計画が作成されている河川も少なく[6]、河川整備も比較的遅れていることが多い。

　都道府県が管理する河川の延長は、約113,000km（一級河川は約77,500km、二級河川は約35,900km）と国管理河川の約10,600kmに対して格段に長く、水位観測や河川測量などが十分に行われていない場合が多い。

(2)　気候変動の影響への対応

　水災害分野における気候変動への適応策については、これまで社会資本整備審議会において検討し、平成27年8月に答申したところである[7]。

　この中では、

---

[6]　計画的に河川の整備を実施すべき区間において定める河川整備計画を作成している二級河川は平成28年8月現在452河川（二級水系の数は2,713水系）

・氾濫が発生した場合においても被害の軽減を図るための整備手順の工夫

・越水等が発生した場合においても決壊までの時間を少しでも引き延ばす堤防構造の工夫

・外力の増大に柔軟に追随できる「手戻りのない設計」の導入

など、今後の気候変動の影響も見込んだ柔軟な対応を進めていくべきとしている。

IPCC[8]第5次評価報告書によると、21世紀末までに、中緯度の陸域のほとんどで極端な降水がより強く、より頻繁となる可能性が高いことが示されている[9]。この変化と(1)で述べた中小河川等の特徴を組み合わせると、立ち上がりが早くピーク流量の大きな洪水の発生頻度の増加が各所でみられることになり、被害規模も甚大化することが懸念される。

中小河川等においても平成27年8月答申も踏まえ、人命を守り、被害を最小化するハード・ソフト対策を柔軟かつ迅速に進める必要がある。

(3) 人口減少の影響への対応

中小河川等の上流部は狭隘な中山間地域に位置し、その沿川では、少子高齢化や人口減少、地域コミュニティの変化等の影響を受ける地域が多く、洪水時における樋門等の操作や水防活動、避難行動の実施などに関する地域防災力の低下が懸念されている。

新たな国土形成計画（平成27年8月14日閣議決定）では、中小河川等の多くが流れる中山間地域について、

・生活サービス機能をはじめとする各種機能を維持するため、これらを集約し「小さな拠点」の形成、活用を戦略的に進める。

・将来にわたって担い手を確保し、必要な農地を確保するとともに、国土保全等の多面的機能を発揮するための良好な管理を持続させる。

・災害上危険な土地については地域の実情も踏まえつつ、その程度に応じて土地利用を制限するという取組等を進めることにより、地域の安全性の向上を図

※7　社会資本整備審議会：水災害分野における気候変動適応策のあり方について～災害リスク情報と危機感を共有し、減災に取り組む社会へ～、2015
　　http://www.mlit.go.jp/common/001109508.pdf

※8　IPCC：気候変動に関する政府間パネル（Intergovernmental Panel on Climate Change）
　　人為起源による気候変動、影響、適応及び緩和方策に関し、科学的、技術的、社会経済学的な見地から包括的な評価を行うことを目的として、昭和63年に世界気象機関（WMO）と国連環境計画（UNEP）により設立された組織

※9　気候変動に関する政府間パネル（IPCC）：第5次評価報告書第1作業部会報告書　政策決定者向け要約　気象庁訳、2015

　　る。
とされている[10]。
　　このため、中小河川等における治水対策についても、この考え方を念頭に置きつつ、水害リスクを共有し、水害に対する防災意識の向上に努めるとともに、地域の拠点など重要な箇所を守るハード対策や避難行動を確実に行うためのソフト対策を、河川管理者のみならず流域の関係者が一体となって進めていくことが必要である。

---

[10] 国土交通省：新たな国土形成計画（全国計画），2015
　　　http://www.mlit.go.jp/common/001100233.pdf

４．平成27年12月答申を踏まえた主な取組状況

平成27年12月答申を踏まえ、国土交通省では新たに「水防災意識社会　再構築ビジョン」を策定し、全ての国管理河川とその沿川市町村において、各地域で河川管理者・地方公共団体等からなる協議会を設置して減災のための目標を共有し、ハード・ソフト対策を一体的・計画的に推進する取組に着手している。

（減災対策協議会について）

協議会については、平成28年11月末までに全129地区のうち127地区（98％）で設置され、現状の水害リスクや取組状況が共有されている。そのうち123地区（95％）においては、円滑かつ迅速な避難、的確な水防活動、氾濫水の排水、施設運用等の視点から、地域の特徴を踏まえた具体的な取組内容について議論され、今後５年間の取組内容を「地域の取組方針」としてとりまとめ、既に各種の取組が進められている。

（ソフト対策について）

ソフト対策に関する具体的な取組としては、避難勧告等の発令に着目したタイムラインの作成が国管理河川の沿川市町村で進められており、平成28年11月末までに730市町村のうち611市町村（84％）で作成されている。

また、住民等の主体的な避難の促進に向け、早期の立ち退き避難が必要な区域の一つとして、家屋倒壊等をもたらすような洪水の氾濫等が想定される区域を「家屋倒壊等氾濫想定区域」として設定し、平成28年11月末までに国管理河川109水系のうち69水系（63％）で公表されている。

さらに、河川水位、レーダー雨量、川の予警報等を提供するウェブサイト「川の防災情報」について、新たに河川のライブ画像や浸水想定区域を追加表示する改良が行われるとともに、GPS 機能を活用して現在地周辺の情報を迅速に把握できるスマートフォン版での情報提供も開始されている。加えて、平成28年９月からは利根川水系鬼怒川（茨城県常総市）と肱川（愛媛県大洲市）において洪水情報のプッシュ型配信が開始されており、今後、配信地域のさらなる拡大が予定されている。

この他、「水害時の対応に係る市町村向け啓発ビデオ」を作成し、市町村長に水害時の対応や防災情報等について理解を深めて頂くための取組が進められている。

（ハード対策について）

ハード対策に関する取組としては、従来から取り組んでいる堤防の嵩上げや河道掘削、堤防の浸透対策等の「洪水氾濫を未然に防ぐ対策」について、当面の目標に

　対して流下能力が不足する箇所など優先的に対策が必要な区間として全国で約1,200kmを対象に整備が進められている。

　また、新たな対策として、現況の施設能力を上回る洪水に対し、堤防から越水等が発生した場合でも、決壊までの時間を少しでも引き延ばすよう堤防構造を工夫する「危機管理型ハード対策」が導入された。この対策は、氾濫リスクが高いにも関わらず、上下流バランス等の観点から当面の間、堤防整備に至らない区間について、施設整備が完成するまでの間の段階整備における暫定的な対策として実施されており、全国で約1,800kmを対象に対策が進められている。

　このように国管理河川を中心として、「水防災意識社会」の再構築に向け、ソフト対策とハード対策が一体となった取組が全国で展開されており、既に一部では取組による効果も発現してきている。

　平成28年8月の台風第11号出水により約215haの浸水被害が発生した常呂川においては、「常呂川減災対策協議会」で検討された取組方針を踏まえ、タイムラインに基づく対応や河川事務所長から市長へのホットラインの取組が実践され、通常より避難勧告等が前倒して発令されたことなどにより、円滑な避難行動、逃げ遅れ被害の回避につながった。

　このような取組の効果事例や、各地域で取り組んでいる具体的な取組事例については、全国で情報を共有するなど、国土交通本省と各協議会が連動したホームページも構築され、広報・啓発活動の取組も展開されている。

　引き続き、各地域において河川管理者、地方公共団体、住民、企業等が連携・協力して、減災に向けた取組を進めるとともに、取組状況についてフォローアップを実施し、着実に推進することが重要である。

　また、タイムラインやホットライン等の取組については、国管理河川で効果が発現しており、都道府県管理河川においても、同様の取組を推進することが有効であると考えられる。なお、取組を展開するに際しては、中小河川特有の課題も踏まえ、地域や河川の特徴に、より適応した取組として発展させていくことが重要である。

5. 対応すべき主な課題

　今回の一連の台風による被害で明らかになった課題を中心に、気候変動・人口減少の影響下にある中小河川等の現状や、水防災意識社会再構築にかかるこれまでの取組状況等を踏まえた、対応すべき主な課題は、以下のとおりである。

（関係機関が連携したハード・ソフト対策）
○国管理河川では、減災対策協議会で検討された取組が実践され、効果が発現していることから、都道府県管理河川においても同様の取組を進める必要がある。

（適切な避難のための情報提供・共有）
○緊急時における河川管理者からの情報が市町村長に伝わらない場合があり、確実な避難勧告等の発令に支障が生じている。
○水位周知河川に指定されていない河川においては、避難勧告等の発令を支援するための判断情報を提供できていない。
○浸水想定区域図など地域の水害リスク情報等を提供する水位周知河川等の指定が必ずしも進んでいない。
○防災情報が要配慮者利用施設の管理者等に十分理解されておらず、また、水害に対する避難確保計画の策定や避難訓練が十分に実施されていないため、要配慮者の早期避難に支障が生じている。

（河川管理施設の機能の確保）
○少子高齢化や人口減少、地域コミュニティの変化等により、樋門等の操作員の確保が困難になるなど、今後、河川管理施設の的確な運用に支障をきたす恐れがある。

（災害リスクに応じた土地利用）
○河川沿いの要配慮者利用施設や比較的築年数の浅い工場等が被災しており、洪水氾濫が発生した際の安全確保の観点から、必ずしも適切な土地利用がなされていない場合がある。

（中小河川等の治水対策）
○上下流バランスや財政制約等の観点から整備水準が必ずしも高くないことに加え、局地的な豪雨が増加していることもあり、各地で現況施設能力を上回る洪水が発生している。

○道路、鉄道、農地等において甚大な被害が発生し、復旧・復興が遅延するだけで
　なく、被災地以外にもその影響が波及している。

（地方公共団体への支援）

○都道府県管理河川は、河川数が多く総管理延長も長いことに加え、地方公共団体
　職員の減少や経験不足等から、広域的かつ激甚な災害が発生した場合、情報収
　集、提供等の災害対応に支障が生じる恐れがある。また、地方公共団体の被災状
　況によっては迅速な災害復旧を行うことが困難となる場合がある。

○水防団員の減少や高齢化により、水防管理団体である市町村等の水防体制が脆弱
　化しており、地域防災力が低下している。

6. 中小河川等においてとるべき対策

6.1 基本方針

　「今回の一連の台風による甚大な被害」、「気候変動・人口減少下における中小河川等の現状」、「これまでの取組と対応すべき課題」を踏まえ、中小河川等において、今回のような痛ましい被害を二度と出さないという強い決意のもと、

　　・人命を守る観点から、避難行動をとるべき者が適切な避難を確実に実施し、逃げ遅れによる人的被害をなくすこと

　　・社会経済への影響をできるだけ小さくする観点から、重要施設[11]を管理者と連携して保全するなどにより、地域社会機能の継続性を確保すること

を目指すべく、以下を基本として「水防災意識社会」の再構築のための取組を拡大、充実すべきである。

○水害リスク情報等を地域と共有することにより、要配慮者利用施設等を含めて命を守るための確実な避難を実現すること

○治水対策の重点化・集中化を進めるとともに、既存ストックの活用等、効率的・効果的な事業を推進し、被災すると社会経済に大きな影響を与える施設や基盤の保全を図ること

○逃げ遅れによる人的被害をなくすとともに、地域社会機能の継続性を確保するため、関係機関が相互に連携・支援し、総力を挙げて一体的に対応すること

（本答申における検討対象）

　今回の一連の台風により甚大な被害を受けた各河川は、整備が比較的遅れている一級水系の支川の国管理区間や都道府県が管理する中小河川である。なお、中小河川の中でも都市域においては、平成21年に「気候変動に適応した治水対策検討小委員会」においてその対策について審議し、取組を進めているところである。このことから、本答申では、中小河川等のうち、特に、人口、資産が分散、あるいは点在している地域を流れる河川を対象としている。

（水害リスク情報等の共有）

　各地域において水害対策を進めていくためには、まずは河川管理者等において平常時から浸水想定などの水害リスク情報[12]を提供するとともに、緊急時において

※11 地域社会を支える市役所等の防災・行政拠点、ライフライン関係施設や、広域的に社会経済活動に影響を与える可能性がある幹線道路、主要鉄道などの施設

　も避難勧告等の発令など迅速な対応につながるリアルタイムの水位情報等を提供していくことが重要である。

　しかしながら、中小河川等では水位観測などが十分に行われていない場合もあり、このような河川においても、簡易な方法による水位観測や河川測量等の実施、浸水実績を活用した浸水想定の提供などにより、水害リスク情報等をできる限り地域と共有すべきである。また、水害に対する防災意識の向上を図るため、住民等が日頃から水害リスク情報に接することができるよう、浸水実績等の浸水深を居住地域に表示する取組等についても推進すべきである。

　また、平常時から防災、福祉、医療等の各分野の関係者が、共有した水害リスク情報を適切に理解した上で、それぞれが水害リスクへの対応を検討し実行に移すことが重要である。

（要配慮者利用施設における確実な避難）

　今回被災した要配慮者利用施設では、施設管理者等の水害リスクに対する認識や避難情報に対する理解が不足していたことも甚大な被害を生じさせた要因の一つであり、施設管理者等の水防災に関する理解を促進するための取組を河川管理者と関係者が一体となって進める必要がある。

　また要配慮者は避難に時間を要し、移動が困難な場合もあることから、各要配慮者利用施設の入所者等の実態に応じた避難確保計画を事前に作成し、これに基づき地域社会と連携して訓練を実施するなど、確実な避難の実現を目指し、日頃からの備えを徹底する必要がある。

（治水対策の重点化と効率的な実施）

　治水対策については、これまで、下流域に位置する都市部の人口・資産が集中する箇所において重点的に進められてきた。今回の水害では、上下流バランスや財政制約の観点から整備が比較的遅れている中小河川等で、被害が生じており、これらの河川においても治水対策を進め、地域の安全度をバランス良く向上させる必要がある。

　このため、今後の中小河川等の対策については、背後地の人口・資産の状況を踏まえ、重点化・集中化を図るとともに、効率的に治水対策を推進するため、自然地形を十分に活用し、輪中堤や宅地嵩上げなどの局所的な対応や、流域内の様々な洪

※12 水害リスク情報：浸水想定区域図、家屋倒壊等氾濫想定区域、想定浸水深が大きい区域、長期間浸水が継続すると想定される区域、過去の浸水実績から浸水が予想される区域及びその水深等、多様な観点から提供される水害を原因とする危険が存在するエリアや地点の情報。

水調節機能を最大限活用するなど既存ストックの有効活用を図ることが重要である。

　また、迅速かつ確実な避難に資するハード対策についてもあわせて取り組むことが重要である。そのため、関係者が連携し避難場所や避難路の整備を促進する取組や、連続盛土や高台となっている自然地形等を活用し浸水被害の拡大を抑制することが重要である。

（土地利用のあり方）

　今回の水害では、河川沿いの狭隘な土地の大部分が浸水し、沿川の要配慮者利用施設や比較的築年数の浅い工場等が被災した。土地利用の適正化を図る観点から、水害リスクの高い地域では、河川管理者等により、当該地域の水害リスク情報の提供を積極的に進めるとともに、各地域において、リスクの程度を熟知し、平常時の利便性なども考慮の上、当該地域での要配慮者利用施設等の立地について十分に検討する必要がある。地域の判断として浸水が想定される区域に要配慮者利用施設等を設置せざるを得ない場合は、緊急時の対応方策について準備しておくことが重要である。

　また、特に、要配慮者利用施設の立地にあたっては、当該施設が災害時の避難場所や平常時の様々な活動の拠点となる可能性などを考慮することも重要である。

（関係機関相互の連携と地方公共団体への支援）

　平成27年12月答申でも提言したとおり、近年、現況施設能力を上回る洪水が頻発しており、また今後の気候変動を踏まえた課題に対応するためには、従来型の対策だけで対処することは極めて困難であることから、河川管理者はもとより、氾濫域内の関係機関が連携しながら一体的に水害対策を講じていく必要がある。

　特に、地方公共団体においては、今後の気候変動や人口減少の影響を踏まえた場合、水害発生時の緊急対応、災害復旧、水防活動などを十分に行うことは、財政的にも体制的にもますます厳しくなることが懸念される。

　このような状況下において、安全・安心の社会の構築に向けては、国と地方公共団体がそれぞれにおいて役割を果たすだけでなく、総力を結集してその対応にあたることが重要である。具体的には、協議会の場等を活用した関係者間の連携強化、国からの積極的な水害リスク情報等の提供の充実、災害対応にあたっての地方公共団体への支援体制の構築などの対応が急務である。

6.2　実施すべき対策

　対応すべき主な課題を踏まえた、中小河川等において実施すべき対策は以下のとおりである。

6.2.1　関係機関が連携したハード・ソフト対策の一体的・計画的な推進
⑴　水防災意識社会再構築のための協議会を活用した減災対策の推進

　都道府県管理河川においても、平常時から水害リスク情報や減災のための目標を共有し、ハード・ソフト対策を一体的かつ計画的に推進する体制の構築が必要である。

　このため、減災対策の更なる推進を目指し、河川管理者と市町村長等による減災対策協議会の設置を促進するとともに、幅広い関係者が参画し、取組の継続性及び実効性が確保される仕組みを構築すべきである。

6.2.2　水害リスク情報等の共有による確実な避難の確保
⑴　確実な避難勧告等の発令に対する支援
　①避難勧告等の発令基準等の点検

　　市町村による避難勧告等の発令が確実に行われるよう、各市町村の発令基準やそのためのタイムライン等について、実効性の確保を図る観点から減災対策協議会等において点検を行い、必要に応じて改善を促す取組を推進すべきである。
　②ホットラインの充実による避難勧告等の発令に対する支援

　　都道府県管理河川において、避難勧告等の発令が確実に行われるよう、洪水時の河川状況等を河川管理者から関係市町村長へ直接伝達する「ホットライン」の取組を、ガイドライン策定等により、早期に定着させるべきである。なお、ガイドライン作成に当たっては、受け手側である市町村の実状や中小河川等の流出特性を踏まえた内容とすべきである。

⑵　水害リスク情報等の共有
　①水位周知河川の指定促進

　　水位周知河川に指定すべき河川の考え方を明確化すること等により、水位周知河川の指定を促進すべきである。

　　また、早期の指定が困難な河川についても、浸水想定に浸水実績を活用するなど、浸水想定や河川水位等の水害リスク情報等を簡易に提供する方策を検討すべきである。
　②避難判断のための水位観測体制の整備

　　中小河川等で、速やかに、多数の水位観測を実施するため、必要な機能を限定

するなどにより、安価かつ設置容易な水位計の開発・設置を促進すべきである。また、水位情報を提供・管理する仕組み、体制も検討すべきである。

③水位周知河川に指定されていない河川における水害リスク情報の共有

水位周知河川に指定されていない河川については、水防法に基づく浸水想定区域が公表されないことから、地方公共団体が河川管理者等と連携して浸水実績等をできる限り把握し、水害リスク情報として周知する仕組みを構築すべきである。

④水位周知河川に指定されていない河川における避難判断のための雨量情報の活用

水位周知河川に指定されていない河川については、洪水の到達時間が短く、避難のためのリードタイムを確保することが困難な河川が多いことなどから、関係機関と連携し、雨量情報を避難勧告等の発令を判断する情報として活用することを検討すべきである。

⑶ 要配慮者利用施設における確実な避難

①施設管理者等の理解促進

水害時の避難に関する理解を深めるための取組として、要配慮者利用施設の管理者を対象とした防災情報等に関する説明会を関係機関と連携して推進すべきである。

また、要配慮者利用施設の管理者や職員の更なる理解促進を図るため、関係機関や地域社会と連携した避難確保計画の作成や避難訓練を促進すべきである。

②避難確保計画の作成等の促進

要配慮者利用施設において確実な避難体制が確保できるよう、避難確保計画の作成や避難確保計画に基づく避難訓練の実施を徹底させるための仕組みを構築すべきである。

また、モデル地区において、あらゆる関係機関が加わり避難確保計画を作成し、その作成過程で得られた知見を全国に展開するなどの取組を実施すべきである。

さらに、地方公共団体による避難確保計画の点検を適切に実施できるよう、関係機関が連携して点検用マニュアルを作成するなど、避難確保計画の実効性・継続性を確保する取組を実施すべきである。

6.2.3 河川管理施設の効果の確実な発現

⑴ 河川管理施設の効果の確実な発現

①樋門・樋管等の施設の確実な運用体制の確保

少子高齢化や人口減少、地域コミュニティの変化等により、樋門等の操作員の確保が困難になるなど、今後、河川管理施設の的確な運用に支障をきたす恐れがある。このため、操作が不要な樋門等の導入を推進するとともに、現在の操作体制に、地方公共団体以外の団体への委託を可能とするなど、確実な施設の運用体制確保に向けた取組を推進すべきである。

②河川管理の高度化の検討

ドローンによる陸上・水中レーザー測量の実用化を図るなど、ICT 等の最新技術の活用により河川管理の高度化に向けた取組を推進すべきである。

6.2.4　適切な土地利用の促進

(1)　適切な土地利用の促進

①適切な土地利用促進のための水害リスク情報の活用

水害リスクの低い地域へ土地利用を誘導するため、関係機関と連携して水害リスク情報の提供の徹底を進めるべきである。

②関係機関との連携による災害危険区域の適切な指定

輪中堤の整備と併せ、氾濫を許容することとなる地域等において、地方公共団体による災害危険区域の指定が適切に行われるよう、関係機関と連携して、既存の指定事例について周知を図るなどの取組を検討すべきである。

6.2.5　重点化・効率化による治水対策の促進

(1)　人口・資産が点在する地域等における治水対策

①地域の状況を考慮した治水対策の重点化・効率化

財政制約等がある中、人口・資産が集中する地域に加え、人口・資産が点在する地域も治水安全度を向上させるためには、洪水時の氾濫形態や地域の状況を考慮した上で、生活拠点や防災・行政拠点などの中枢機能を重点的に防御する対策を進めるべきである。

対策の実施にあたっては、水害リスク情報を周知した上で地域住民等の理解を得ながら、輪中堤や宅地嵩上げなどの局所的な対応による効率的な治水対策を進めていくべきである。

また、現況施設能力を上回る洪水に対して、より迅速かつ確実な避難を実現するため、減災対策協議会等の場において、避難場所や避難路について議論し、その整備を河川改修とあわせて実施する際に掘削土を活用するなど、関係者が一体となった取組により整備の促進を図るべきである。さらに、浸水被害の拡大を抑

制する連続盛土や高台となっている自然地形等を保全する仕組みを構築すべきである。

②流域における流出抑制対策の地方部での推進

流域の急激な都市化に伴う流出量の増大に対応するために都市部を中心に実施してきた貯留機能の保全、確保などの流出抑制対策を、整備が比較的遅れている地方部においても推進すべきである。

なお、対策の実施にあたっては、貯留機能を最大限確保するため、多様な機能を有するため池、水田などについても施設管理者等と連携し、その機能の保全・有効活用等について進めるべきである。

③流木や土砂の影響への対策

中小河川等は流下断面が比較的小さいことから、流木が橋梁にせき止められ、上流の水位が上昇し甚大な被害につながる場合がある。このため大量の流木による橋梁の流下阻害にかかるリスクを地域で確認し、施設管理者等と共有の上、関係者間での適切な役割分担のもと阻害解消に向けた取組を推進すべきである。

また、中小河川等の上流部では、山腹崩壊等により多量の土砂流出が発生し、これにより水位上昇を引き起こす場合がある。土砂流出による洪水中の河床変動の状況はこれまで十分に解明されていないことから、これらを把握するための研究を進めるべきである。

なお、流木に配慮した土砂災害対策を進めるなど、上流域において流木や土砂の流出を抑制するための取組についても推進すべきである。

(2) 上下流バランスを考慮した本川上流や支川における治水対策

①地域間バランスを踏まえた安全度の向上

地域の安全度をバランス良く向上させるため、上下流の河川管理者が、事業進捗等の情報を共有するのみにとどまらず、協同でハード・ソフト対策を検討するなど、流域全体を考慮した治水対策を推進すべきである。

②近年の降雨状況の計画への適切な反映

本川上流や支川の小流域において、局所的な集中豪雨などが実現象として顕在化している実態を踏まえ、近年の降雨状況の変化などを適切に評価の上、必要に応じて治水計画の見直しを行うべきである。

③洪水調節機能の向上等による下流への負荷軽減

今回の水害では、上下流バランスや財政制約の観点から、整備が比較的遅れている中小河川等で被害が生じており、これらの河川においても治水対策を進め、地域の安全度をバランスよく向上させる必要がある。

　本川上流や支川等の上流部において、下流への影響が小さいピンポイントの対策[※13]以外の河川改修を進めるにあたっては、早期に治水安全度の向上を図るため、ダムや遊水地などの洪水調節施設の機能向上や運用の工夫、下流河川の整備と併せた操作規則の見直しを図るなど、既存ストックを最大限活用した効率的な下流負荷軽減対策を実施すべきである。

　また、近年、大規模水害を受けた水系などにおいては、その緊急性から既設ダムの暫定的な運用手法について検討すべきである。

　なお、都道府県管理河川において、洪水調節施設の機能向上等の高度な技術を要する工事については、国等が代わって工事を実施するなどの技術的支援が実施できる仕組みを構築すべきである。

(3)　社会経済に大きな影響を与える施設の保全
①重要施設の管理者と連携した被害軽減対策

　水害による社会経済への影響をできるだけ小さくする観点から、河川管理者による治水対策とあわせて、重要施設の管理者が自ら施設を守るための浸水対策を実施するなど、重要施設の管理者と連携した被害軽減対策を進めるべきである。

　このため、重要施設の管理者が、水害から施設を防御するための対策の必要性を認識できるよう、減災対策協議会等の場を通じて水害リスク情報の共有を進めるべきである。

6.2.6　災害復旧、水防活動等に対する地方公共団体への支援
(1)　早期復旧に対する支援
①災害復旧における技術的支援

　被災地の早期復旧が可能となるよう、地方公共団体が行う災害対応力向上にかかる取組に対して、研修・訓練・機材の貸与等の支援を行うなど、地方公共団体と連携して災害対応を行う体制を強化すべきである。

　また、これまで TEC-FORCE が支援してきた公共土木施設の被害状況調査に加え、災害復旧方針の決定や災害査定申請書の作成、災害復旧工事の発注、監督・管理を含めた地方公共団体が実施する一連の災害復旧への支援について検討すべきである。

　特に、都道府県管理河川において、緊急的かつ高度な技術を要する災害復旧工事等が必要な場合は、速やかな工事実施により早期の復旧・復興が可能となるよ

※13　小規模な掘削や護岸整備等下流への影響が小さい改修

う、国等が代わって工事を実施するなどの技術的支援が実施できる仕組みを構築すべきである。

(2) 地方公共団体における災害情報の収集・提供等への支援
①警戒段階からの支援
　広域的かつ激甚な災害の発生直後は、特に情報が錯綜し、適切な初動対応が困難となるため、発災前から被害想定に基づいた十分な備えが必要である。しかしながら、警戒段階からの対応にあたっては、重要情報の抽出や各種情報を基にした適切な判断ができる高度な技術力が必要である。このため、地方公共団体に対し、発災前の警戒段階からの支援について検討すべきである。

　また、警戒段階から災害発生時までの一連の災害対応を円滑に実施するため、災害発生時の対応を事前に時系列で整理するタイムラインの取組を、タイムライン策定活用指針の普及・充実などにより都道府県管理河川においても拡大すべきである。

②水害対応について豊富な知見を有する者の育成及び活用
　広域的かつ激甚な災害となった場合、国管理区間も被災し、国の職員等による十分な支援が困難となる場合もあることから、TEC-FORCE、災害査定の経験者など災害対応についての豊富な知見を有する行政経験者や河川管理に関する資格保有者等を活用すべきである。なお、災害対応に豊富な知見を有する経験者等の活用にあたっては、人材教育プログラムの構築や経歴等のリスト化など、地方公共団体での活用促進の仕組みづくりを検討すべきである。

(3) 出水時における水防活動への支援
①民間事業者の水防活動への参画
　水防団や水防管理団体の人員・財政が限られる中、土のう積み、河川の状況把握、避難誘導等の水防体制を確保できるよう、河川管理者等の協力・支援を推進するほか、建設業者等の民間事業者がより円滑に水防活動を実施できる仕組みを構築すべきである。

7．おわりに

　本答申では、中小河川等における「水防災意識社会」の再構築のあり方について、中小河川等を取り巻く社会情勢も踏まえ、ハード・ソフト対策の両面から重点的に実施すべき対策をとりまとめたところである。

　これらの取組の中でも、
- 「要配慮者利用施設における確実な避難」については、今回の水害において要配慮者利用施設で甚大な被害が発生したこと
- 「水防災意識社会再構築のための協議会を活用した減災対策の推進」については、今期の出水においても既にいくつかの地域で効果が出ていること
- 「災害復旧における技術的支援」については、関係機関から更なる支援充実の声が挙がっていること

から、次期出水期において同様の被害を繰り返さないためにも速やかに取り組むべきである。

　一方、治水対策と土地利用のあり方のように地域社会への影響も大きく、長期的な観点から慎重な検討を要するものについては、引き続き議論を進めていく必要がある。

　現在、平成27年12月の答申を踏まえ「水防災意識社会」の再構築にかかる取組が国管理河川を中心に進められているところである。これらの取組は、中小河川等においても有効であることから、中小河川等において重点的に実施すべき対策と併せて推進することにより、水防災意識社会再構築の取組が全国の河川に浸透し、安全・安心な社会が一日も早く構築されることを願うものである。

社会資本整備審議会　河川分科会
大規模氾濫に対する減災のための治水対策検討小委員会

委員名簿

委員長　小 池 俊 雄　東京大学大学院工学系研究科　教授
委　員　久 住 時 男　新潟県見附市長
　　　　清 水 義 彦　群馬大学大学院理工学府　教授
　　　　関 根 正 人　早稲田大学理工学術院　教授
　　　　多々納裕一　京都大学防災研究所　教授
　　　　田 中　　淳　東京大学大学院情報学環総合防災情報研究センター長
　　　　田 村 圭 子　新潟大学危機管理本部危機管理室　教授

※敬称略　五十音順

新時代の水とひとの生き方
―「水防災意識社会」の再構築に向けて―

2018年10月29日　第1版第1刷発行

編著　国土交通省水管理・国土保全研究会

発行者　箕　浦　文　夫

発行所　**株式会社大成出版社**

東京都世田谷区羽根木 1 ― 7 ― 11

〒 156-0042　　電　話 03 (3321) 4131 ㈹

http://www.taisei-shuppan.co.jp/

Ⓒ2018　国土交通省水管理・国土保全研究会　　　印刷　信教印刷

落丁・乱丁はおとりかえいたします。

ISBN978-4-8028-3336-3